丁香妈妈
科学早教指南

写给中国父母的一站式家庭早教方案

丁香妈妈　阳子　叶雯 —— 著

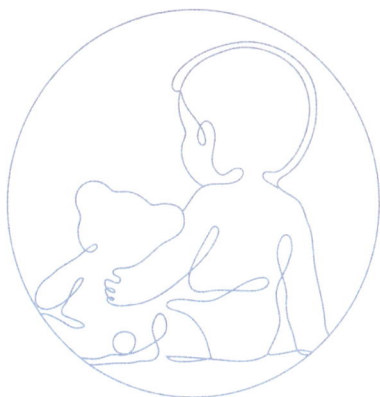

北京科学技术出版社

图书在版编目（CIP）数据

丁香妈妈科学早教指南 / 丁香妈妈，阳子，叶雯著
. —北京：北京科学技术出版社，2022.1（2025.1 重印）
ISBN 978-7-5714-1947-9

Ⅰ . ①丁… Ⅱ . ①丁… ②阳… ③叶… Ⅲ . ①婴幼儿
—早期教育—指南 Ⅳ . ① G61-62

中国版本图书馆 CIP 数据核字 (2021) 第 224474 号

策划编辑：潘海坤　　金秋玥
责任编辑：潘海坤
责任校对：贾　荣
设计制作：博越创想
责任印制：吕　越
出 版 人：曾庆宇
出版发行：北京科学技术出版社
社　　址：北京西直门南大街 16 号
邮政编码：100035
电话传真：0086-10-66135495（总编室）　　0086-10-66113227（发行部）
网　　址：www.bkydw.cn
印　　刷：北京盛通印刷股份有限公司
开　　本：880 mm × 1230 mm　　1/32
字　　数：240 千字
印　　张：12.125
版　　次：2022 年 1 月第 1 版
印　　次：2025 年 1 月第 6 次印刷
ISBN 978-7-5714-1947-9

定　　价：99.00 元

权威推荐

按姓名拼音首字母排序

对于新手爸妈而言，面对刚刚来到这个世界的孩子，最大的困惑可能就是如何跟自己的孩子建立关系，以及建立怎样的关系。在这个过程中，我们一方面想要从一开始就做到万无一失，但另一方面又要面临自己知识和经验的空白领域，尤其是在 0～3 岁这个很关键的时期，这个时候就可以寻求专业老师的帮助了。这本书或许是一个不错的选择。

六层楼先生

女性健康科普作者、"第十一诊室"创始人

阳子老师和丁香妈妈合作的这本《丁香妈妈科学早教指南》，能让早教变得更轻松，生活变得更快乐，孩子变得更聪明，你还有不选择的理由吗？

罗 静

中科院心理所博士后

阳子老师是儿童教育领域非常专业的专家，这次和丁香妈妈合作的书很令人期待。我强烈建议家长们每天能够抽出十分钟的时间陪孩子做游戏，这既能锻炼孩子的能力，也会让亲子关系更加融洽亲密。

卢 勤

中国少年儿童新闻出版总社首席教育专家

父母不懂教，这里有方法。宝宝不愿学，这里有游戏。丁香妈妈新推出的这本早教游戏指南，让你在家就能系统地、有针对性地陪娃玩耍和练习。从"知"到"行"，理论和实操两手抓，把握住宝宝早教关键期，科学育儿也育己，高质量陪伴宝宝走好人生每一步。想让娃成为"别人家的乖宝宝"，让自己成为"别人家的好爸妈"，在这本书里就能找到"秘籍"哟！

立正妈妈

人社部高级儿童情商指导顾问、中国图书馆学会儿童阅读推广人

在安顿孩子睡着后的一个个不眠的夜晚，女儿用心记录着、思考着，她的专业知识和实践经验慢慢化作一行行文字，字里行间既有充满温情的解读，又有理性有效的指导。相信有缘结识《丁香妈妈科学早教指南》的读者朋友会得到心灵的滋养，沐浴在它的芬芳里！

阳子老师的妈妈

宝爸宝妈们都有陪伴孩子的硬需求，却不一定有陪伴孩子玩好游戏的软技能。科学选择恰当的游戏，是优化与低龄宝宝的亲子关系、提高宝宝发育水平的绝佳方法。阳子老师与丁香妈妈合作的这本早教指南，无疑是一本让宝爸宝妈们在家就能用游戏陪伴孩子成

长的优秀指导书。

叶 壮

中科院心理研究所发展与教育心理学硕士

育儿被很多人视为全世界最难的工作，想要做好这份工作，通常需要依靠父母的本能和学习其他人的经验。通过这几年参与育儿节目录制的浸润，我深深地感受到孩子是天生的学习者。在孩子出生后的最初几年，大脑的学习能力非常强，能发生超乎想象的变化。阳子老师是一位非常温柔聪明的早教专家，她坚信父母的早期陪伴和教育对孩子的成长具有重要的意义。《丁香妈妈科学早教指南》完美展现了阳子老师的早教理念和方法，这本能够帮助孩子开展丰富多样、极具个性的早教活动的书，在我看来价值非凡！家有9月龄孩子的我，恨不得现在就掌握书中的早教诀窍。如果父母想从孩子诞生之初就走对每一步，助力孩子健康快乐地成长，就请拿起这本书，与孩子互动起来吧！别忘了，种一棵树最好的时机是十年前，其次是现在。

张杨果而

著名节目主持人

科学孕育，从学习开始

2020 年，我们联合专业的医生和学者团队，打造了《丁香妈妈科学养育》一书。这本书主要涵盖了宝宝出生后第一年的育儿知识要点，很多读者都觉得非常实用、系统，这让我们团队很受鼓舞。同时，我们也收到很多爸爸妈妈的反馈，希望丁香妈妈可以针对一些高频的育儿问题进行更深入的讲解。于是，我们策划了"丁香妈妈科学孕育"系列丛书。如果把我们的第一本书比作育儿路上的"入门指南"，那么这个系列的丛书，则是解决具体孕育问题的"锦囊妙计"。

从"父母的孩子"转变为"孩子的父母"，这种角色上的转变会让你的生活发生巨大的变化，带给你许多新鲜的体验。随着小生命在妈妈的体内一点点长大，你会感受到生命的奇妙，惊喜于宝宝真实的心跳，体会到为人父母的不易。当然，更多的还是对"未知"的担忧。

第一次做父母，你可能会有太多的慌乱、焦虑和问题：孕期的饮食禁忌有哪些？宝宝便秘该怎么办？辅食添加也要按顺序来吗？哪一款早教游戏更适合宝宝现阶段的发展……你可能会在网络上寻找答案，可是各种碎片化的信息五花八门，到底该听谁的呢？你可能会想，如果有本书能像"军师"一样帮你解决问题就好了。面对这样的期盼，我们想说："丁香妈妈专家团队一直在你身边！"

这一次，我们团队根据孕育过程中问题最集中的场景——孕期保健、早教游戏、辅食添加、疾病护理与用药，联合各专业领域的医生和学者，深耕每一个主题，共同策划了 4 本书。

孕育新生命的过程，既伴随着爱，也伴随着责任。父母都想给孩子最好的，但又经常担心，自己是否真的掌握了正确的方法。我们深知传播科学知识的责任重大，因此力求一定要给大家最可靠的内容，每一个方法、每一个理论都要讲求科学循证。希望在你每一次遇到孕育问题、手足无措的时候，丁香妈妈都可以直接为你提供解决方案，无须再反复查证。

最后，感谢选择丁香妈妈的你们，陪伴大家在孕育的路上走过一程是我们的荣幸。也要感谢丁香妈妈的专家团队、内容团队和北京科学技术出版社，因为有你们，我们的出版计划才能圆满完成。

杜一单

丁香妈妈联合创始人

关于早教，我们想对你说

宝宝从呱呱坠地的那一刻起，他的身体和能力每天都在发生变化。0 ~ 3岁是宝宝一生中大脑神经系统发育最快的时期，也是各种感官和体能发展的关键时期。我们也需要尽早为宝宝提供一个丰富、良好的成长环境，促进宝宝各项能力的发展。

说起早教，很多家长觉得，早教就是让宝宝去上早教班，这是家长对于早教的常见的误区。早教应该是朴素、亲密、有温度的。最适合宝宝的早教场所是家庭，最适合宝宝的早教者是家人，最重要的早教形式是陪伴和游戏。在引导、鼓励、陪伴宝宝做游戏这件事情上，父母比早教班的老师更有优势。

为了让宝宝都能在家庭中接受优质的早教，我们针对中国宝宝的特点，精选了 240 多个适合宝宝的早教游戏，涉及大运动、精细动作、语言能力、适应能力和社会行为 5 大能力板块，这些也是 0 ~ 3 岁宝宝的核心能力板块。每位家长都要相信自己，你们完全可以通过适合宝宝年龄段的游戏，给宝宝最好的早期教育。

和宝宝一起做早教游戏的过程可能不是一帆风顺的，你可能会遇到很多困难和疑惑，我们有很多经验可以分享给你。

正确看待宝宝的"不会"

如果你期待宝宝在第一次做早教游戏的时候就能积极参与，那你可能会失望。宝宝参与感低、回应速度慢、不定期出现"退化"……这些都是正常现象。在这个时期，你的示范就是宝宝进步最大的助力。例如，我们在做呼吸训练的时候，很多家长会说自己的宝宝不会吹气，但你可能没有意识到，宝宝正在认真地观察着你的口型，这本身就是一种有效的学习。积极示范，耐心等待，相信宝宝一定会回应你。

正确看待游戏的"重复"

你可能会质疑，为什么会重复出现相似的游戏。其实，重复是 3 岁以内宝宝学习的一种有效方式。不妨问问身边的家长，他们的宝宝是不是有一段时期会反复要求家长讲同一个故事，当听到特定的一句话时会开心得哈哈大笑，这就是重复给宝宝大脑带来的满足。对于 0 ~ 3 岁的宝宝，重复是一种非常有必要的学习方式，在反复训练中，宝宝会变得越来越聪明。

正确看待宝宝的"抗拒"

如果宝宝对书中的某一类游戏特别抗拒，不要着急，先仔细看看这些游戏是否都是触觉类的游戏。有些宝宝会有触觉敏感的情况，如果宝宝不能适应某个游戏，我们应该怎么做？如果宝宝觉得游戏特别好玩，我们如何进行引导？这些我们在书里都进行了介绍。

所以，开始与宝宝一同做游戏吧！你会和宝宝一起享受游戏的乐趣。渐渐地，你会收获和谐的亲子关系并且发现宝宝能力的巨大飞跃。见证宝宝成长的这段时光也将成为你人生中的最美好、最有价值的回忆。

值得信赖的 丁香妈妈专家团队

家长准备课

1 月龄及以上

大运动

精细动作

语言能力

适应能力

社会行为

2 月龄及以上

大运动

精细动作

3 月龄及以上

4 月龄及以上

9 月龄及以上

大运动

精细动作

语言能力

适应能力

社会行为

10 月龄及以上

大运动

精细动作

语言能力

适应能力

社会行为

13～15 月龄
及以上

16～18 月龄
及以上

19～21 月龄
及以上

大运动

精细动作

语言能力

适应能力

社会行为

22～24 月龄
及以上

大运动

精细动作

语言能力

适应能力

社会行为

25～27 月龄
及以上

28～30 月龄
及以上

31～33 月龄
及以上

大运动

精细动作

语言能力

适应能力

社会行为

34～36 月龄
及以上

大运动

精细动作

语言能力

适应能力

社会行为

家长准备课

0～2月龄家长准备课

　　宝宝从呱呱坠地开始，每一天他的身体和能力都在发生变化。家长千万别觉得宝宝还小，什么都做不了。在这短短的2个月里，宝宝一直都在悄无声息地通过他自己的感官从周围大量吸收信息。了解宝宝在这个阶段的发育特点，有利于家长更好地给宝宝进行早教。

适应能力发展：感知觉发展是探索世界的第一步

　　适应能力是包括感觉、知觉、记忆、想象和思维等认知活动在内的能力系统。你可以简单地把适应能力理解为认知能力。感知觉能力，即我们常说的视觉、听觉、触觉等认知能力。感知觉的发展是宝宝探索世界、认识自我的第一步，也是宝宝认知、记忆、思维、想象发展的基础。

视觉：用颜色对比强烈的物体做追视训练

　　健康的足月宝宝，出生后几分钟就具有看东西的能力，也能分辨黑色、白色这样简单的颜色。这个阶段的宝宝大约能看到1米以内的物品，对距离在20～30厘米的物品看得最清楚。宝宝能短时间地注视和追踪物体。如果物体移动了，他还会转动自己的头和眼珠追着看。

　　根据宝宝视觉发育的特点，建议你在日常生活中和宝宝多做"追视训练"，训练宝宝注视和追踪物体的能力。最简单的做法就是拿着黑白卡、红球或者摇铃玩具，在距离宝宝眼睛20厘米左右的位置让宝宝注视一会儿，然后慢慢向左右两边移动。如果宝宝的视线没有追随玩具的运动轨迹，你可以试着调整玩具和宝宝的距离，先近距离让他看清楚，再慢慢移动拉远。追视训练也可以不用道具，毕竟最吸引宝宝的是你的脸。你可以一边和宝宝说话，一边慢慢移动你的脸，宝宝的视线会追着你，有时候还会发出叽里咕噜的声音。

需要提醒你的是，如果多次尝试追视训练，宝宝的视线都不会随着物体移动，或者在强光照射下，宝宝都不会眨眼睛，一定要去看儿科医生，检查宝宝的视力情况。在宝宝困倦或者精神不好的时候，他也不太会追视，所以尽量在宝宝吃饱、睡醒、精神好的时候进行追视训练。

听觉：多和宝宝说话，多放轻柔的音乐

从出生开始，宝宝就在关注声音了，尤其是家人的声音。你有没有发现，当你说话的时候，宝宝会转头，试图寻找你在哪儿。这个阶段的宝宝对噪音也很敏感，刺激的声音会让他害怕。所以，在这个阶段你可以多和宝宝说话，在宝宝耳边呼唤他的名字，或者播放声音轻柔、节奏明快的音乐，一次放5～10分钟，不要选择嘈杂的音乐，音量也不要过大。

需要注意的是，宝宝很容易疲劳。如果做听觉训练时宝宝没有反应，那么可以先让宝宝休息一会儿，等宝宝精神好了再进行练习。如果你发现1月龄的宝宝对很大的声音没有任何反应，一定要请儿科医生检查一下宝宝的听觉情况。

触觉：多抚摸、拥抱，鼓励宝宝吮吸手指

这个阶段的宝宝触觉很敏感，他喜欢贴着大人的身体，享受被大人包裹着的感觉。宝宝的嘴唇和手是触觉最灵敏的部位，所以他经常会把手放进嘴里。这是宝宝自我安慰和认识世界的方式，不要阻止他。

根据宝宝的触觉发育特点，你可以让宝宝摸一摸不同质地的东西，给宝宝做抚触和被动操，增加宝宝的触觉感受能力。平时尽量让宝宝把小手露在外面，不要戴手套或缩在袖子里，这样会阻碍宝宝小手的触觉感知。在宝宝感到不安时，给予宝宝温柔的抚摸和拥抱，鼓励宝宝吮吸手指，都能很好地刺激触觉，起到安抚宝宝的作用。

大运动：做好抬头练习

宝宝运动的本领是在和爸爸妈妈的互动中发展的。在这个阶段，宝宝的运动发育主要体现在头颈部，我们要多找机会训练宝宝颈背部的肌肉力量，抬头训练是本阶段大运动训练的重中之重。你可以利用宝宝吃奶后拍嗝的时间，让宝宝练习竖头。竖着抱宝宝，让宝宝的头靠在家长肩膀上，然后慢慢移开一点扶着宝宝头部的手，让宝宝自己竖头几秒钟。你还可以在宝宝睡醒以后，让他趴在床上，把他的双手放在前胸或下巴下方，给宝宝一些力量支持，然后用声音和玩具吸引宝宝抬头。要注意，抬头训练一般要在宝宝吃奶后至少间隔 1 小时进行，训练时间不要太长，从每次持续几秒开始，短而多次地进行。如果宝宝配合，可以延长训练的时间。

要特别注意的是，如果你发现宝宝的身体四肢总是特别软或者特别硬，就需要请儿科医生来检查一下宝宝的身体状态和运动能力了。

语言发展：多和宝宝说话，并逗引宝宝发音

这个阶段的宝宝虽然还不会说话，却已经有了语言能力的萌芽。宝宝会发出"a""o""e"等简单的音。当宝宝高兴时，还会手舞足蹈，连续"咿咿呀呀"地发声，吸引你的注意。为了帮助宝宝语言能力的发展，家长可以重点关注以下 3 点。

多和宝宝说话

不要认为宝宝听不懂，大人就不说话。你要把宝宝当成小大人，抓住一切时间和宝宝交流，例如，游戏的时候、喂奶的时候、换尿布的时候。具体你可以这样做：稍稍提高声调，放慢语速，拉长词语之间的停顿，温柔地表达，多进行重复。例如，当给宝宝做抚触时，你可以一边抚摸宝宝的脸一边说："这是宝宝的小脸。"当给宝宝换尿布时，你可以说："宝宝，我们要换尿

包包喽，换了之后小屁屁香香的。"当和宝宝对视时你可以反复说："宝宝，我是妈妈，妈妈。"家里的每个人都可以多和宝宝说话，让宝宝感受不同的语音、语调，这些都可以促进宝宝对语言的感知能力。

多逗引宝宝发音

在宝宝吃饱睡醒精神足的时候，你可以先用略微夸张的口型吸引宝宝的注意。当他成功注意到你的口型之后，你可以对宝宝发一些单音节，如"a""o""e""u"等，并鼓励宝宝跟着发音。如果宝宝回应你了，你也要积极地回应他，用温柔的声音继续发出"a""o"等声音，并用笑声表扬宝宝，这种回应能带给宝宝愉快的情绪体验，有助于建立早期良好的亲子关系。

多给宝宝播放音乐、唱歌

音乐可以让宝宝感到愉悦，对他的语言发展也有好处。我们可以选择有节奏感、优美、欢快的曲子，在宝宝清醒的时候播放给他听，注意音乐播放的时间不宜过长。在播放音乐的时候，你可以让宝宝躺着安静地欣赏，也可以伴随音乐节拍抱着宝宝轻轻摇晃，你还可以伴随着音乐哼唱。即便只是几句简单的哼唱，配合着你的爱和笑容，都能让宝宝特别开心，促进宝宝的语言和社交能力发展。

需要注意的是，如果这段时间宝宝一直都没有想要发声或者交流的意愿，建议及时请儿科医生检查宝宝的发育状况。

社会行为：逗笑，及时回应宝宝的需求，认识爸爸妈妈

社会行为能力的发展包括情感能力、自我意识和社交能力的发展。在这个阶段，大多数宝宝的微笑是无意识的，少部分宝宝开始露出有意识的微笑，我们通常称之为"社交性微笑"，这也意味着宝宝的社会行为能力得到了提高。为了帮助宝宝社会行为能力的发展，家长可以重点关注以下 3 点。

多逗引宝宝发笑

你可以挠宝宝的身子或脚心，发出有趣的声音，做出古怪的表情，或者挥动宝宝喜欢的摇铃玩具等让宝宝感到愉悦。这个阶级的宝宝已经能感受到大人的情绪了，你又是宝宝最直接的模仿对象，因此，逗宝宝笑的时候，你需要面部表情放松，不要太过严肃。快乐的情绪可以让宝宝更乐于接近外界的事物和人，为宝宝提供更多的学习机会。

及时回应宝宝的需求

宝宝不但有生理需求，也有心理需求，爸爸妈妈要及时回应宝宝，尤其在宝宝哭泣的时候，你的安抚是对他情绪和心理最大的安慰。面对小月龄的宝宝，你不用担心宠坏他，而是需要第一时间回应他的哭声，帮助他建立安全感。

教宝宝认识爸爸妈妈

宝宝从小就喜欢看大人的脸，特别是自己熟悉的人脸。在这个阶段，你可以教宝宝认识爸爸妈妈。当宝宝看着你时，你可以笑着说："宝宝，我是妈妈，妈——妈——你看，爸爸来啦，爸——爸——"这样反反复复的强化，可以帮助宝宝提升辨认能力，早点认识并区分不同的人。

❗ 本阶段早教重点

- 在适应能力方面，通过追视训练、多和宝宝说话、播放轻柔的音乐、多抚摸、多拥抱等方式，促进感知觉能力中视觉、听觉和触觉的发展。
- 在大运动方面，通过让宝宝多练习抬头，增强颈背部肌肉力量。
- 在语言能力方面，通过多和宝宝说话、多逗引宝宝发音、多给宝宝播放音乐、多给宝宝唱歌等方式，促进宝宝语言能力的发展。要注意，每次做游戏的时间不宜过长，如果发现宝宝累了，应及时停止。
- 在社会行为能力方面，通过经常逗宝宝笑、及时回应宝宝的需求，多教宝宝认识爸爸妈妈，促进宝宝社会行为能力的发展。

3 ~ 5月龄家长准备课

在这个阶段，宝宝每天醒着的时间大大延长，他学会了把头竖起来，学会了翻身，对自己的身体充满兴趣，手脚动作越来越协调，具有很强的探索精神，经常对着家长笑……只要你助他一臂之力，宝宝就能学会更多的新本领。

大运动：继续做抬头练习，开始练习翻身、靠坐和保持平衡

大运动主要是指宝宝躯体动作的发展，如抬头、翻身、跑跳等，这些都是宝宝大运动的标志性能力。宝宝动作的发展是有顺序和规律的，最早的协调动作是对头颈部的控制，能做到抬头，立住自己的脖子，随后才是涉及身体躯干的动作，如翻身、坐、爬，最后是协调腿和脚的动作，也就是站立和行走。

继续做抬头练习

在这个阶段，你仍然可以每天让宝宝练习抬头。当宝宝趴着或躺着的时候，你可以用不同的方式引导他。

在宝宝趴着的时候，你可以用声音和玩具逗引宝宝，让他把头抬得高高的，学习用胳膊撑着上半身；还可以把玩具放在宝宝身边不同的位置，吸引宝宝转头去找。这样，他很快能从抬头45°到稳定地抬头90°。继续引导，宝宝还能撑起肩膀、胸部，让肩膀和前胸也离开床面。

在宝宝仰卧的时候，你可以拉住宝宝的双手或者托着他的肩膀，一边拉

着他坐起来，一边跟他说："宝宝坐起来。"坐起后让宝宝的头竖一会儿，再慢慢躺回去，这样可以锻炼宝宝颈部伸曲肌的力量。反复练习，宝宝的抬头能力就会大大提升。

需要注意的是，如果 3 月龄的宝宝趴着的时候，还不能抬头到 45°以上，就需要请儿科医生来给宝宝做发育评估了。

开始引导宝宝翻身，做翻身练习

翻身是早期运动发展的重要里程碑。3 月龄是训练翻身的开始时期，好动的宝宝可能在 4 月龄学会自主翻身，比较安静的宝宝可能要在 5 月龄甚至 6 月龄才能学会自主翻身。

平日里，你要经常带宝宝做翻身练习。宝宝平躺时，你可以把宝宝的左腿交叉放在右腿上，一只手握住宝宝的左手，另一只手轻轻放在宝宝的腰背部，让宝宝从仰卧变成侧卧，然后在宝宝头的一侧摇铃，引导宝宝从侧卧到俯趴，完成翻身动作。如果此时宝宝还不能自己完成翻身，你放在宝宝腰背部的手可以稍微用点力，辅助宝宝完成翻身动作。你也可以在宝宝侧卧时，在他背后摇铃，让他慢慢从侧卧变成仰卧。持续练习，宝宝可以从学会翻身，到独立连续翻身，再到转圈打转。如果宝宝翻身成功了，千万别忘了给宝宝赞扬和鼓励，你的笑容和拍手可以让宝宝更有自信去练习高难度动作。

翻身练习要在宝宝心情愉快的时候进行，要让他觉得翻身是一种游戏而不是任务。另外，要注意保持家里温度适宜，不要让宝宝穿得太多、裹得太紧，那样宝宝学翻身会比较慢。在被子上或者过软的床垫上学习翻身也会降低宝宝翻身的成功率。

需要注意的是，5 月龄的宝宝多数会翻身，如果宝宝仍然不会翻身，你可以再观察 1 个月，如果到了 6 月龄，宝宝还是不会翻身，就需要请医生做评估了。

鼓励宝宝做四肢运动练习

在这个阶段，宝宝的肢体活动越来越多，力气越来越大了，四肢运动的练习必不可少。你可以在宝宝的床头上方挂上色彩鲜艳、带响声的玩具。宝宝躺着时，手脚触碰到玩具就会发出声响，这会让宝宝想要再去探索，让玩具再次发出声音。这个游戏不仅能让他对抬手、蹬腿的运动更感兴趣，还能够锻炼宝宝的视觉追踪能力，他的眼睛会随着摇晃的玩具而移动。

帮助宝宝练习靠坐

5 月龄的宝宝颈背部肌肉力量增强，扶宝宝坐起来后，宝宝分开双腿，手在前面支撑地面能够坐几秒钟了，但是他的头身会向前倾，坐得不太稳。在这个阶段，我们可以训练宝宝靠坐。具体做法：轻轻拉宝宝的手腕部，让宝宝随着你用力的方向慢慢坐起来。在宝宝后背放置厚靠垫，让宝宝靠坐一会儿。这个练习你可以让宝宝每天做 2 ~ 3 次，每次 5 ~ 10 分钟。练习时，要注意调整靠垫，让宝宝的腰背呈直线，你也可以扶着宝宝的髋部，给宝宝的后背一定支撑。持续练习，等到宝宝 6 月龄的时候，他就可以独立坐一会儿了。宝宝会坐以后，双手能解放出来做许多事，视野也变得更加开阔，这对手眼协调和认知发展都有好处。

锻炼平衡能力

提到平衡能力，就要说到和它密切相关的前庭系统了。前庭系统是最早发育的感觉器官之一，刺激前庭功能，可以让宝宝逐渐掌握身体运动与平衡的能力。翻滚、转圈、身体前后左右摆动，被举高高，都是锻炼前庭功能的好方法。你可以在家里准备一个瑜伽球，让宝宝躺在球上，握住宝宝的大腿或者腰部，前后晃动。也可以让宝宝坐在球上，利用屁股的力量做上下振动，宝宝会很开心。

精细动作：做好抓、握、摇、捏动作练习，训练手眼协调

精细动作主要是指手的动作，例如，摸、抓、拿、敲、取、拼、插等。精

细动作的发育需要宝宝的感知协调，也就是手—眼—脑协调能力的发展。

宝宝出生后，两只小手总是握成拳头，如果你用东西去触摸宝宝的手掌，宝宝立即会将手指紧紧握牢，这种表现叫"握持反射"，是 3 月龄之前的宝宝的正常反应，是一种原始反射。到了 3 月龄，宝宝的原始反射渐渐消失，小手不再总是保持握拳状态，他会开始把双手凑到一起玩，刚开始双手还握不住，只能手指相碰。随着双手变得灵巧，宝宝渐渐会抓握玩具，但是宝宝的手眼协调能力一开始还不够好，导致宝宝总是抓不准。在这个阶段，家长可以重点关注以下 3 个方面，帮助宝宝加强精细动作的发育。

做好抓、握、摇、捏等动作的练习

你可以准备宝宝小手能抓住的摇铃、按摩球、橡胶圈、柔软的毛绒玩具等，用这些玩具去触碰宝宝的手，引导宝宝主动张开手去抓东西。你也可以把玩具放在宝宝掌心，训练宝宝小手的抓握、触摸、摇捏等能力。

训练宝宝的手眼协调能力

如果宝宝看到喜欢的玩具会伸手去抓，就说明宝宝已经能把看的能力和肢体动作结合起来了，这就是手眼协调能力。但是刚刚进入 3 月龄的宝宝，手眼协调能力还不够好。

为了引导宝宝，你要经常用玩具逗引宝宝去抓取，这样能更快、更准确地让宝宝掌握手眼协调能力。你可以在宝宝看得到的地方悬挂一些玩具，宝宝挥动小手就能碰到。在反复触碰中，宝宝能够学会主动伸手抓取玩具，伸手取东西的动作也会逐渐变得协调准确。你也可以扶着宝宝的手去够取、抓握、拍打、摇晃玩具。

保证清洁的前提下，鼓励宝宝用嘴探索

这个阶段的宝宝仍然会喜欢吃手，有时候会把整个拳头往嘴里塞，还会尝试把手中的玩具塞到嘴里。这些动作是他探索世界的重要方式，只要保证小手是干净的、玩具是无毒且安全的，就不要阻拦他。

在这里要提醒你的是，如果 3 月龄以后的宝宝仍然双手握拳，手指很少张开，甚至平时总是握着拳头，直到 4 月龄还不能松开，尤其是把大拇指紧紧地握在手心里，那么就需要到医生那里做一次检查了。

适应能力发展：加强感官刺激，促进认知能力发展

视觉：让宝宝多看，经常进行户外活动

在这个阶段，宝宝的视觉发育逐步完善，他逐渐具备了调节视觉焦距的能力，能看到更远或更近的物品。当你拿着色彩鲜艳、明暗对比强烈的玩具在宝宝面前晃动时，他的头也会随着玩具转来转去。在这个阶段家长有 2 点要注意。

1. 创造机会让宝宝多看各种物品。你可以经常看着宝宝的眼睛和他说话，也可以选择色彩鲜艳的玩具、图片、画报给他看。给宝宝东西也是有技巧的，你可以通过改变玩具的大小（先看大球，再看小珠子）或者变换不同类型的玩具，来让宝宝的注意力从一件物品转移到另一件物品。

2. 带宝宝走出家门，接触大自然。看看被风吹拂的树叶、花丛中的蝴蝶、奔跑的小狗、行驶的汽车等，进行户外活动是让宝宝对世界充满好奇的好方法，能够促进他的认知能力发展。

听觉：让宝宝感受各种声音

这个阶段的宝宝听到声音会很快转头，会关注家长的谈话声音，会喜欢听音乐。你可以通过让宝宝多听音乐、童谣、动物的叫声或是物体发出的声音，来促进宝宝听觉的发展。当然，人的声音是宝宝最喜欢听的，你可以像上个月一样，随时随地和宝宝说话。

认知发展：陪玩、叫名字、多和宝宝说话

宝宝认知能力的发展主要体现在对外界刺激的反应能力、对事物和环境

的感知能力、协调能力，以及解决问题的能力。5月龄的宝宝反应非常灵敏，听到响动他会立刻扭头去看，听到妈妈的声音会到处寻找。调皮捣蛋的宝宝，还会把东西扔到地上听声响。这个阶段，家长可以用这2个方法，提升宝宝的认知能力。

多陪宝宝玩游戏

要选择足够有吸引力的玩具来引导宝宝。例如，拿出宝宝喜欢的红色小球，让宝宝的视线追随小球而移动，如果小球掉到了桌子下面，就和宝宝一起去寻找。还可以和宝宝一起玩电灯开关，"啪"一下灯亮了，"啪"一下灯暗了，吸引宝宝的视线落在电灯上，然后反复告诉宝宝这是"灯"。以后你再提到"灯"，宝宝就会自己抬头看"灯"了。

让宝宝学着听懂自己的名字，意识到自我的存在

平时要反复呼唤宝宝的名字，当宝宝转头看向你时，及时给予他表扬和肯定，这样宝宝很快就能听懂自己的名字并且转头，有时还会特别开心地"呀呀"大叫。需要注意的是，要尽早给宝宝取一个固定的名字，小名或大名都可以，家里人要用统一的称呼来呼唤宝宝。不要今天"宝贝"，明天"宝宝"，后天"甜心"，这样宝宝会不知道哪个才是自己。

社会行为：照镜子，躲猫猫，交朋友

情感能力发展：看表情

这个月龄的宝宝，情绪表达更明显。他会辨别亲人和陌生人，看到妈妈，可能会伸手要抱抱了，面对陌生人可能会"认生"，表现出害怕。达不到目的，他会喊叫、发脾气，一旦得到满足，很快又忘了刚才的事。所以，为了帮助宝宝更好地识别和表达情绪，在和宝宝玩的时候，你可以有意识地丰富面部表情，让宝宝逐渐能够分辨你是高兴还是生气，逐渐学会针对不同的表情有不同的反应，逐渐能正确表达自己的感受。

自我意识发展：照镜子

照镜子是宝宝认识自己、发展自我意识的第一步，以前宝宝的眼里只有妈妈，通过照镜子，他开始认识自己。你可以一边说："这是宝宝，这是妈妈。"一边鼓励宝宝去触摸镜子里的自己，对着镜子笑。本书中 2 月龄里介绍的小游戏"这是我呀"，在这个月可以多和宝宝做。

社交能力发展：交朋友

要发展社交能力，你要想办法为宝宝创造与人交往的环境。你可以经常带宝宝到朋友、亲戚家去串门；抱宝宝到小公园、小区散步，让他多接触不同的人；也可以教他说"你好"和"再见"。但是要注意，有的宝宝是积极外向的，有的宝宝是谨慎内向的，面对不熟悉的人，不要强迫宝宝去交流。你也可以多让宝宝练习求抱抱的动作。在抱宝宝前，向他伸出双臂说："抱抱好不好？来，抱抱。"鼓励宝宝向你伸出双臂。

语言发展：抓注意力，强调重点词汇

这个阶段的宝宝对语音的感知更加清晰、理解能力更强、发声更加主动，他和你的互动也越来越多，他常常会用肢体语言配合"咿咿呀呀"的声音来表达自己的需求和情绪。例如，当你叫他的名字，他会很快转头回应，表情丰富。在这个阶段，家长重点要关注这 2 点，来帮助宝宝的语言能力发展。

抓住一切机会和宝宝多说话

喝奶、穿衣、洗澡、游戏、外出……任何时候你都可以向宝宝描述你们正在做的事，或者看到的物品，例如，你可以说："妈妈要给宝宝洗澡啦，洗澡香香的。""哇，这是小狗，多可爱的小狗呀。"要注意，与宝宝对话时，尽量让他能看到你的表情和口型，同时注意语调夸张、语速放慢、发音清晰、表情愉悦。这样做不仅能够丰富宝宝的词汇，让宝宝了解发音，还能帮助宝宝在语言和实物之间建立最初的联系。

及时抓住宝宝说话的欲望，帮助宝宝表达

当宝宝通过"咿咿呀呀"表达需求的时候，你可以帮助宝宝表达他想说的。例如，宝宝表现出想喝奶时，你可以对宝宝说："宝宝饿了呀，宝宝是想喝奶了吧。"这样做不仅能让宝宝学习到很多词语，给宝宝创造安全感，还能给宝宝很大的鼓励，让宝宝更乐于学习语言。在这个阶段，你不要急着让宝宝说话，爸爸妈妈的着急和催促会让宝宝紧张。耐心等待，你终会等到宝宝开口叫爸爸妈妈的那一刻。

---

❶ 本阶段早教重点

- 在大运动方面，继续做抬头练习，鼓励宝宝做四肢运动，锻炼宝宝从会翻身到能连续翻滚，练习靠坐，并通过翻滚、旋转、前后左右摆动身体，来促进宝宝平衡能力的发展。
- 在精细动作方面，在做好抓、握、摇、捏等动作练习的基础上，训练宝宝伸手够物，促进手眼协调能力的发展。
- 在适应能力方面，要丰富视听环境，让宝宝多看、多听、多进行户外活动。多和宝宝玩游戏、多叫宝宝的名字、多和宝宝说话，促进认知能力的发展。
- 在社会行为能力方面，多让宝宝看大人的表情、多带宝宝照镜子，以及鼓励宝宝交朋友。
- 在语言能力方面，要注意和宝宝多说话、为宝宝提供丰富的语言环境、帮助宝宝表达。

6～8月龄家长准备课

这个阶段的宝宝越来越有本领了，运动能力和认知能力都有了很大进步。他能够翻身、坐立、翻滚，开始向前爬行，双手也越来越灵活，可以轻松抓到自己想要的东西，探索外界的技能也更多了……在这个阶段，家长需要采取一些行动来配合宝宝的成长变化。

大运动：练习爬行和翻身坐起

这个阶段的宝宝不再需要任何的支撑就可以坐稳了，他们会开始学习爬行和坐起。爬行和坐起可以说是宝宝运动能力发展的新里程碑。

鼓励宝宝多练习爬行，给予他适当协助

家长要关注以下3点，来帮助宝宝更好地掌握爬行能力。

多鼓励宝宝爬行

可以让宝宝趴在床上或者垫子上，在宝宝面前放一个玩具吸引他，或者在宝宝前面呼唤他，吸引他的注意力，激发他想要爬行的欲望。

不要因为宝宝爬得不对就急着"纠正"他

学习爬行不是一蹴而就的，宝宝需要机会多尝试。一开始宝宝只能用肚子不离地的方式爬行，慢慢他才能学会用手和膝盖支撑着爬行。起初，你可能会发现宝宝爬行的方向不总是向前的，他可能会倒退、原地打转。其实这些都是爬行阶段的正常现象，不必急着去"纠正"宝宝。

适当给宝宝协助

如果宝宝一开始还不会自己爬行，你可以帮助宝宝稳定他的身体。例如，把手放在宝宝腰部，保证他的身体不会翻倒或者倾斜，同时用手推宝宝的脚掌，给他一个向前的力量。如果练习爬行一段时间后，宝宝还是只会用肚子贴着床面或者地面爬行，你也可以用毛巾毯兜住宝宝的腹部，帮他轻微地提起肚子，这样他可以更快地学会用四肢爬行。当宝宝学会独立爬行后，你还可以鼓励宝宝爬越障碍物，例如，通过爬行越过爸爸的大腿、枕头等。

大多数宝宝是在这个阶段学习爬行的，但有的宝宝学爬行的时间更早，有的宝宝要在 10 月龄才能真正学会爬，有些宝宝甚至会跳过"爬"这个阶段，这和宝宝的个体情况、爬行练习的时间和场地条件有关。所以，即便宝宝现在还不会爬也是正常的，你只需要按照正确的方法，积极鼓励宝宝练习爬行，在必要的时候给予他协助。

练习翻身坐起

7 月龄的宝宝已经可以坐得很稳，而且可以随意翻身了。在这个阶段，你仍然可以鼓励宝宝玩连续翻滚的游戏，还可以帮助他练习翻身坐起。

练习翻身坐起的方法并不难。在宝宝躺着时，你引导他先向一侧翻身，宝宝的重心会从另一侧的肩膀，向他的手肘和手掌转移。随着重心的转移，宝宝会用手掌做支撑，抬起上半身，腿也会自然地跟着身体移动，完成从侧方坐起的动作。刚开始练习翻身坐起时，你也可以拉住宝宝一侧的胳膊，引导他完成。

如果宝宝 7 月龄时仍然不会坐，你需要关注，请儿科医生对他进行检查评估。

注意看护宝宝，清理活动场地

在这个阶段，宝宝活动的范围越来越广了，你要保证宝宝活动的安全，注意不要让宝宝独处，以及给宝宝创造一个可以充分活动的小天地。你可以在客厅或者家里合适的地方，开辟一个角落，在地上铺好垫子，清除周围有危险的物品，给宝宝一片可以自由探索和移动的空间。

精细动作：抓握、手眼协调

精细动作主要是指手的运动，例如，伸手抓东西、拇指食指分开捏小物品、搭积木、串珠子、画画、写字、穿衣进食等，这些都体现着精细动作的发育程度。在这个阶段，家长重点要关注的是抓握和手眼协调这两方面能力。

抓握：逐步学习从"抓"到"捏"

6 月龄的宝宝，小手能自由张开，出现抓握的动作。可以让宝宝练习捏取小颗粒物品。一开始，他会比较笨拙地用拇指和四指对着捏。多练几次后，他能学会用拇指和食指准确地捏取小颗粒物品。即使像头发丝这样细的东西，他也可以学着一点点地捏起来。

这个月龄的宝宝仍然会拿起东西就往嘴里塞。因此，在进行训练时，不要选择有危险、可能会引起宝宝窒息的物品，例如，花生米、豆子等。你可以选择宝宝能吃的小饼干、小泡芙来进行游戏，它们大多入口即化。

除了抓握小物品，你还可以给宝宝准备一些可以发出响声的玩具，给宝宝演示如何捏着玩，引导宝宝去捏或者按压，这样能促进宝宝手部肌肉的发育。

手眼协调能力的发展

手眼协调能力是精细动作发育的关键，可以有效促进宝宝各项能力的发展。虽然做到手眼协调的过程是缓慢的，但是如果宝宝平时注意训练，这个能力会得到不断的提高。你可以在宝宝面前慢慢滚动小球，鼓励宝宝伸手去抓。可以先选择大一些的小球，等宝宝熟练之后再换成小一些的。滚动球的速度也可以由慢到快，当小球掉了，还可以引导宝宝低头去寻找。

7 月龄的宝宝追视能力和辨认物体的能力越来越好，看到一个玩具，他能准确地判断出这个玩具离自己有多远，辨认出自己在运动时和玩具位置关系的变化。

7 月龄的宝宝也会模仿很多动作了，可以让宝宝拿着小勺子玩敲打游戏，或者用不同的摇铃、铃铛、小鼓，引导宝宝拍手。这些游戏都可以很好地促进宝宝手眼协调能力的发展。

需要你特别注意的是，如果宝宝7月龄了，还不会伸手拿东西，建议带宝宝去找儿科医生进行评估。

语言发展：抓注意力，强调重点词汇

这个阶段的宝宝对语音的感知更加清晰、理解能力更强、发声更加主动、说话的欲望也更强烈了，他常常会用肢体语言配合"咿咿呀呀"的声音来表达自己的需求和情绪。例如，当你叫他的名字时，他能够分辨出爸爸妈妈的声音，会很快转头回应，能发出的音节也明显增多，不再仅仅是"a""o"之类的元音，辅音量明显增加，甚至还会发出重复的连续音节。

最典型的就是"baba""mama""papa"，这些音就是我们说的辅音，宝宝一般也是像叠词那样连续发音。不过这个时候叫爸爸妈妈只是前语言阶段的发音表现，他还不理解爸爸妈妈的真正含义。

在这个阶段，家长要重点关注这3点，来帮助宝宝的语言能力发展。

多和宝宝说话

日常生活中我们要多为宝宝创设一些具体的语言情境，让宝宝在语言交流中理解词语的含义。你可以用简单易懂的语言向宝宝描述你们正在做的事情，你也可以先示范再见、拍手、点头、摇头、恭喜恭喜这样的动作，告诉宝宝代表动作意思的发音，然后在生活相应的情景中反复练习。例如，爸爸出门的时候，你可以先拉着宝宝的手做挥手动作，再用语言来示意宝宝做挥手动作。这样，宝宝就会建立起语言和动作的联系。

你可以经常指着人或者物，向宝宝介绍它们的名称，例如，"这是奶奶""这是灯""这是电视机""这是花花"等，要记得做一个"话痨"家长。要注意的是，与宝宝对话时，尽量让他能看到你的脸和口型，同时注意语调夸张、语速放慢、发音清晰、表情愉悦。

你也可以通过反复提问，引导宝宝认识事物，例如"灯在哪里""爸爸在哪里""小猫在哪里"，如果宝宝找对了，要给予他鼓励和表扬。

及时抓住宝宝说话的欲望

这个阶段，你要更加注意观察宝宝，当他表现出强烈的说话欲望时，你要抓住机会教宝宝一些词语。例如，当宝宝发"mama"的音时，你要马上说："妈妈在这里，我是妈妈。"让宝宝把语音和实际结合起来，这有利于宝宝对语言的理解。

当宝宝在关注某样东西或某件事时，你也要抓住这个专注的时刻，用结构简单的词语或句子，描述宝宝正在关注的情景或者物品。如果宝宝注意到一只兔子，你可以说："小兔子，这是小兔子。"不过，在这个月龄，你不用急着让宝宝说话，爸爸妈妈的着急和催促，会让宝宝紧张。耐心等待，你终会等到宝宝开口叫爸爸妈妈的那一刻。

需要你特别注意的是，如果宝宝到了 6 月龄，当别人喊他的名字时依然没有反应，听到声音不会做出反应，很少与人互动大笑，就需要请医生进行评估检查了。

适应能力发展：鼓励宝宝自主探索，带他理解因果关系

这个阶段的宝宝对周围环境的兴趣显著提高，会关注到身边更多的人和事物。例如，他会观察一样东西是怎么掉落地上的，又滚到哪里，或者是怎么发生弹跳的，这意味着在他的认知能力中，关于理解因果关系的部分在快速发展。

宝宝在这个阶段也开始有短期记忆，虽然很快就会忘记，但他的记忆力会在之后逐渐增强，这也对他认知因果关系有不小的帮助。

家长可以通过以下 2 种方式来帮助宝宝提升对因果关系的理解。

多和宝宝玩涉及因果关系的游戏

你可以拉着宝宝的小手，让他自己按一按电灯开关，引导他去看灯亮、灯灭，在这个过程中，可以逐渐加深宝宝对因果关系的理解。类似的游戏还有：拉着门把手开门、关门；按下马桶的冲水按钮，水会流出来；让宝宝的小手拍打能够发出声响的玩具，玩具就会发声等。很多小游戏，都隐藏在日常生活里，等待着你去发现。

鼓励宝宝自己玩，自己探索

这个阶段的宝宝依然对周围的一切充满好奇，看到东西就喜欢抓到嘴里咬。8 月龄的宝宝可以独自玩一会儿了，家长要鼓励宝宝自己玩、自己探索，这是宝宝发展自我认知的重要过程，但这不意味着你可以不关注宝宝。

一方面你要注意，避免选择能让宝宝直接放进嘴里的物品，以免发生误吸或者误吞。花生、豆子、纽扣小电池等小物品都不适合用来做游戏。另一方面，这个月龄的宝宝，可以独自玩的时间不长，需要你和他多互动，才能增强他对游戏的兴趣。你可以让宝宝选择他喜欢的小球、积木块、沙锤、小鸭子之类的玩具，如果宝宝玩得很专注，不要打扰他。如果宝宝想要和你一起玩，你可以和他玩找东西的游戏，激发宝宝的探索精神。例如，把小皮球滚出去，让宝宝爬过去触碰小皮球。或当着宝宝的面，用纸包住一个鲜艳的玩具，引导宝宝去剥开纸张，发现里边的玩具。

社会行为：带宝宝交朋友，及时回应宝宝需求

在这个阶段，宝宝已经能区别熟人和生人，能辨别大人不同的态度、表情、声音，并做出不同反应。他也能理解和分辨你面部表情的含义，受到表扬时他会表现出高兴，受到批评时会表现出委屈。在这个阶段，你可以有意识地帮助宝宝发展社交能力，帮助宝宝发展情绪能力。

社交能力：多交朋友，明确规则

要帮助宝宝发展社交能力，你可以多带宝宝去户外结交朋友，让他和别的小朋友一起拉手，一起在铺着垫子的地上爬行、玩球，或者看别的小朋友是怎么玩耍的。

要帮助宝宝发展社交能力，你还需要给他明确规则。这个阶段的宝宝越来越调皮好动，但他还不知道什么是规则，你要对宝宝有一定的约束，让宝宝明白"不"的意思，然后教宝宝正确的做法是什么。例如，当宝宝打人、咬人时，你要及时用平静的语气说："不，不可以。"让宝宝知道有些事是不能做的。在制止宝宝后，你还要向他解释。例如，你要对宝宝说："宝宝打人了，被打的人会疼，会伤心的。""宝宝打人是想要找妈妈，对吗？""宝宝可以叫妈妈，可以用小手摸摸妈妈，我就知道你是在叫我了。"

如果你只是处处给宝宝设限制，但是没有教宝宝怎么做，他可能会越来越不敢尝试，这显然不是你想要的结果。

虽然，每个宝宝的发育情况不同，但如果8月龄的宝宝还不会区分熟人和生人，当别人叫他的名字时没有任何反应，就要及时请儿科医生对他进行评估了。

情感能力发展：保持良好情绪，及时回应宝宝需求

在这个阶段，宝宝的情绪表达越来越丰富，情绪的变化也特别快。例如，见不到妈妈，宝宝会难过地大哭，看到妈妈又出现了，他转眼间又会挂着眼泪笑得忘乎所以。他能开始理解你的面部表情，捕捉到你的喜怒哀乐了。例如，当妈妈生气大声吼叫时，宝宝就会忧虑不安，甚至哭闹。

在这个阶段，家长要重点关注这2点，来帮助宝宝的情感能力发展。

尽量保持良好的情绪

经常对宝宝发火，会影响亲子之间依恋情感的建立，让宝宝失去安全感和信任感。所以你要注意，和宝宝说话要温柔亲切，不要用凶巴巴的表情和声音去吓唬宝宝，更不要把自己的负面情绪发泄在宝宝身上。

当宝宝有需求时，及时回应

你不但要及时回应宝宝的生理需求，还要及时发现宝宝的心理需求。例如，宝宝是不是想让家长抱，宝宝受伤了是不是需要家长的安慰。

> ❗ **本阶段早教重点**
>
> - 在大运动方面，多鼓励宝宝练习爬行和翻身坐起，可以给宝宝适当的协助。由于活动范围大，活动形式多样，因此要避免让宝宝独处，收拾一片可以安全活动的小天地给宝宝探索。
> - 在精细动作方面，多和宝宝练习抓握、捏取物品，逐步过渡到抓取移动的物体，锻炼手眼协调能力。
> - 在语言能力方面，注意和宝宝多说话，通过指物训练，以及创立的具体情景来帮助宝宝理解语言和动作的关系。
> - 在适应能力方面，要通过日常游戏帮助他理解因果关系，同时鼓励宝宝自主探索。
> - 在社交能力方面，要带宝宝多交朋友。明确规则，既教会他"不"的意思，也教会他正确的做法，促进宝宝社交行为的发展。
> - 在情感能力发展方面，注意保持良好的情绪，及时回应宝宝的需求，多和宝宝互动。

9 ～ 12 月龄家长准备课

这个阶段的宝宝运动能力越来越强，他可以畅通无阻地到处爬行，学会了扶站和向前迈步。宝宝的精细动作能力也在不断提高，他抓起小米粒毫不费力，还喜欢把手上的东西往各种洞洞里塞。他能听懂的词语越来越多，嘴里时不时会蹦出一些词语，他好像也越来越调皮了……了解宝宝在这个阶段的发育特点，有利于家长更好地帮宝宝学习本领。

大运动：做进阶爬行练习，尝试扶站、坐、蹲等姿势

这个阶段的宝宝大部分已经学会了爬行，家长可以鼓励他做进阶的爬行练习，提升爬行的熟练度和速度。等宝宝爬行掌握得不错了，还可以引入扶站和行走的练习。这个阶段也是宝宝身体平衡能力发展的一个飞跃期。

开始进阶的爬行训练

多方位爬行游戏

在宝宝爬得熟练后，你可以训练宝宝向不同的方向爬行。例如，在垫子的一侧放上宝宝喜欢的玩具，吸引宝宝向前爬、向后爬、向右爬、向左爬，并不停变换节奏，有时慢、有时快。

设置趣味爬行游戏

你可以给宝宝布置一些有趣的场景，提高他对爬行探索的兴趣。例如，用两个枕头，搭建一个三角形的小洞，让宝宝从洞中爬过去。再用一个枕头，拦在宝宝前面，让宝宝感受到像翻山越岭一样的高低攀爬。还可以用纸板或

大的泡沫积木块，在家里搭一些拱门、桥洞、隧道类的场景，让宝宝在这类游戏中，锻炼探索和平衡的能力。

扶站、坐、蹲多种姿势结合的爬行游戏

在爬行中，你还可以带宝宝练习各种姿势的灵活转换。如果你把玩具放在椅子或者沙发上，宝宝爬过去是拿不到玩具的。你可以在宝宝爬过去以后，引导他拉着沙发背站起来去拿玩具，有的宝宝甚至还能扶着沙发边缘横着走几步。然后，你还可以用另一个他喜欢的玩具逗引他，让他尝试坐下或蹲下去捡玩具。这一串运动姿势转换的练习，可以锻炼宝宝腰部、腿部的肌肉力量，有利于提升宝宝的平衡能力（未来走路时所需要的能力），以及手、眼、四肢的协调能力。

需要你注意的是，如果宝宝到了 10 月龄还不能独立坐，就要请儿科医生对宝宝进行评估检查了。

学习扶站和行走，为宝宝做好安全保护

在这个阶段，即便你放开宝宝的手，宝宝也能站立两三秒钟，这标志着宝宝独立站立的开始。等宝宝会独立站立了，他就不再喜欢老老实实地坐着玩了，总是想要站起来。你可以引导宝宝在靠着站时放开支撑物，独自站立一会儿，从几秒钟开始，逐渐延长。当宝宝保持住身体平衡后，你还可以在宝宝前面，伸出双手，鼓励他向你走过来。

不建议宝宝使用学步车。学步车不仅不能帮助宝宝独立行走，还有侧翻的安全隐患。因为使用学步车的时候，宝宝的重量全部集中在臀部，腿部并没有用力，脚尖一点就可以向前走了，这会让宝宝习惯脚尖着地的走路方式，影响学步的速度。

在扶站和学走阶段，要注意给宝宝营造安全的练习空间，保证他即使摔倒也不会摔得太疼。如果宝宝被吓着了，很可能就不敢再尝试了。

锻炼身体协调、平衡能力

宝宝从坐、站、走，再到走得稳，平衡能力很重要，你可以和宝宝多玩

一些锻炼身体平衡能力和前庭功能的游戏。例如，和宝宝玩踢球、扔球的时候，你可以让宝宝扶着你站立，在他脚边放一个颜色鲜艳的小皮球，鼓励宝宝抬起脚踢皮球。如果宝宝独立站立能力比较好，你也可以试着放开宝宝，让他自己踢皮球。

宝宝学走的进度差异很大，有的宝宝满9月龄就会走路了，也有的要到12月龄甚至15月龄才会走。所以，你不必为宝宝现在还不会走路而担心，做好练习和陪伴就好。

需要特别注意的是，如果宝宝在这个阶段还不会扶站，或者不会并用手和膝盖爬行，建议你带宝宝到儿科做一次发育评估检查。

精细动作：放入、取出、滚物体，促进手眼协调

这个阶段的宝宝，除了能捏起头发丝这样细小的物品，他还能把手上的东西放到盒子里，学会用食指去抠东西，喜欢反复敲打东西，这些表现也是宝宝心理发展到一定阶段所表现出来的。在这个阶段，你可以带宝宝试试这两个类型的小游戏。

放入、取出游戏

你可以一边示范，一边对宝宝说："把小摇铃放到篮子里。"反复示范可以帮助宝宝有意识地控制手部动作从握紧到松开，把手中的玩具或者物品放在指定的地方，增强手—眼—脑的协调能力。

这个游戏的进阶玩法可以是换成更小的物品，让宝宝放到指定大小的容器里。例如，从抓积木块放到盒子里，升级成捏起小溶豆放到瓶子里。

滚物体游戏

你可以给宝宝示范，玩推滚圆瓶、推滚小球的游戏，这不仅能锻炼宝宝双手的协调性，还能让宝宝了解"圆形的东西能滚动"的特点，帮助宝宝发

展认知能力。这是一个拓展游戏，如果宝宝不会推滚物体，也是正常的，继续练习就好。

需要注意的是，如果宝宝在这个阶段还不能用拇指和食指捏起小颗粒状的物品，及时请儿科医生进行评估。

语言发展：多用短句描述，鼓励宝宝做发声练习

这个阶段的宝宝，开始渐渐理解某些词语的意思了，他会根据家长提示的词语来做出回应，例如，"再见""笑"等。他可以将语言和动作联系到一起了，例如，看到你摇头，他就知道是"不"的意思。这个月龄的宝宝仍然在努力地"咿咿呀呀"，但口中发出的"baba""mama"相比之前会更加清晰，有些宝宝甚至能有意识地喊爸爸妈妈了，这是语言能力和认知水平提高的表现。

在这个阶段，家长可以重点关注这 2 点，帮助宝宝语言能力的发展。

继续指物训练，多用短句描述身边的事

在这个阶段，你要继续教宝宝认人认物，做指物训练。如果可以的话，你也要鼓励宝宝用手指物。例如，你可以问宝宝"桌子在哪里""闹钟在哪里""妈妈的鼻子在哪里"，等等，然后和他一起找到这些东西。

除了指物训练，你也要注意说话的句式，多用短句描述宝宝身边的事情，这样能帮助宝宝理解和模仿，对提升宝宝的语言能力很有帮助。例如，当宝宝要喝奶，你可以用手指着杯子说："宝宝喝奶奶，咱们用漂亮的杯子喝奶奶。"当家人外出，你可以抱着宝宝到门边说："外婆去买菜啦，我们和外婆说再见。"

注意强调简单词汇，让宝宝模仿发音

想要发展宝宝的语言能力，教会宝宝正确的发音也很重要，你要鼓励宝

宝模仿各种声音。例如，你可以让宝宝学动物的叫声，你可以这样问宝宝："小猫怎么叫？"然后向他示范小猫的叫声"喵喵喵"。

虽然这个阶段的宝宝可能还不怎么会说话，但是你要及时回应他的呼唤，你也可以根据当时的情境，说出宝宝想说的话，示范给他看。

你需要特别注意的是，如果这个阶段的宝宝仍然听不懂任何词汇，不会认人认物，就需要及时请医生对他进行评估了。

适应能力发展：通过看图识物和找物，促进认知和记忆发展

这个阶段的宝宝，视觉、听觉、触觉、味觉、嗅觉、前庭觉、本体觉等感知觉都已经发育得很不错了。宝宝开始能够把看到、听到的东西通过记忆来整合、分析、理解，开始对事物有了全面的认识。这个阶段的宝宝也仍然热衷于了解行为和结果的关系，对物体的运动方式、颜色纹理、形状等会进行主动的探索。宝宝这样的好奇行为，也为思维能力发展打下了良好基础。家长可以重点关注以下 3 点，来帮助宝宝发展适应能力。

多看、多听、多接触各种事物

你可以通过各种形式的感知活动，帮助宝宝探索世界和自我，学习相关的知识和经验。这个阶段的宝宝对人脸的观察更细致了，你可以教他认五官。例如，先从耳朵开始，让他去看镜子里的自己，摸摸耳朵，反复告诉他"这是耳朵"，你还可以进一步问他"宝宝的耳朵在哪里""妈妈的耳朵在哪里"，让他不仅认识五官，还能区分不同人的概念。

你可以多和宝宝玩看书认物的游戏，促进宝宝的视听发展。例如，你可以给宝宝一些简单的、色彩鲜艳的卡片或翻翻书，告诉宝宝图片中的人物、动物、形状、风景是什么，让宝宝尝试识图、识物、识字。等宝宝会认四五张图片后，可以让他从一大堆图片中找出他熟悉的那几张。也可以在图片中加入一两张字卡，让宝宝找出。家长一定要记得在他正确找出后赞赏以及鼓励他。

除了在家里认识物品，你也要带宝宝去户外走走，让他看看大自然中的动植物，聆听大自然的声音，这样既能锻炼宝宝的视觉、听觉，也能拓展宝宝的知识面。

让宝宝尝试了解颜色和大小，学习搭叠和收纳

这个阶段的宝宝模仿能力很强，能听懂一些语言指令，也开始了对事物属性的观察。宝宝会思考为什么有些东西可以滚动，有些不可以？为什么有些东西摸起来粗糙，有些光滑？为什么有些物品可以放到另一些物品的里面？在观察物品的过程中，宝宝会逐渐形成关于形状、构造和大小的初概念。

你也可以和宝宝多玩玩具，让宝宝在玩的过程中学习。例如，你可以和宝宝玩积木。你按照颜色和大小把积木分类，然后让宝宝学你的样子做，或者让宝宝给不同的积木排队。你还可以和宝宝用不同颜色的积木做搭叠游戏，然后再跟宝宝一起把积木放回盒子里。

带宝宝找东西，锻炼认知能力和记忆力

这个阶段的宝宝，对前一天玩过的玩具已经有了记忆，看到远处带绳子的小车，他会抓住绳子把小车拉过来，这种解决问题的过程就是思维的萌芽。

在这个阶段，你可以和宝宝玩找东西的游戏。你可以让宝宝寻找在他面前藏起来的玩具，你可以和宝宝使用认知卡片，一起寻找图片中的动物。你也可以和宝宝玩捉迷藏、躲猫猫这些经典的找物游戏。

你也可以让宝宝想办法拖、拉、拽离他有点距离的东西，这样能够锻炼宝宝解决问题的能力。

社会行为：情绪社会化发展

9月龄的宝宝会用摆手表示再见，会用手势表达自己的需求，听到"不"的时候会暂停手上的动作。宝宝的分离焦虑也逐渐明显，宝宝会对你特别依

恋，这些都是很正常的现象。你需要重点关注宝宝的情绪社会化发展。

鼓励宝宝在新情境下探索

当宝宝在新情境下不知道该怎么做的时候，他会看你的表情和反应，再决定自己的下一步行动。例如，当宝宝爬向你，发现有障碍物的时候，他一开始并不知道该怎么做。如果你给他鼓励，示意宝宝越过障碍物，他就会努力地尝试。如果你表现出担心和害怕，宝宝就会放弃，今后面对相同的情景，他也可能会选择退缩。所以，你要经常用积极的话语鼓励宝宝，让宝宝知道该怎么做，引起他对新环境和新事物的兴趣。

积极回应，有意识地发展宝宝的安全依恋

依恋情感的形成，也是情绪社会化的一个重要标志。在这个阶段，宝宝依恋情感的发展会越来越明显，他会喜欢黏着妈妈，对陌生人感到焦虑。你要善于识别宝宝发出的需求信号，积极回应他的身心需要。你可以拥抱他、与他谈话、逗他笑、陪伴他，让宝宝有真实被爱的感受和愉快的生活经历。

你要注意的是，"积极回应"不完全等于"立即满足"。当宝宝有需求时，你可以先用声音和肢体动作回应，让他知道你已经听到了他的呼唤。例如，告诉他"宝贝饿了，该吃饭了"，然后再让他喝奶喝水，满足他的需求。短暂几秒钟的忍耐和等待，对宝宝的心理健康和智力发展都有积极的促进作用。

依恋关系的产生会经历一个过程，而一个或几个固定的成年人持续的照顾是他获得安全感的重要途径。需要注意的是，如果这个阶段的宝宝仍然不认人，对任何人都不依恋，就要请儿科医生来对他进行评估了。

- 在大运动方面，继续做爬行练习，学习转换姿势，尝试扶站和学走，家长要做好安全防护，进一步锻炼宝宝的平衡能力。

- 在精细动作方面，放入、取出和滚物体游戏可以促进宝宝手眼协调能力，促进精细动作发展。

- 在语言能力方面，要重视认人、认物，多用短句描述宝宝身边的事，同时注意及时回应宝宝，鼓励宝宝模仿发音。

- 在适应能力方面，可以通过看图识物、玩玩具和做游戏，锻炼宝宝的认知能力和记忆能力。

- 家长要保持积极乐观，因为这是给宝宝的情绪社会性参照。同时注意发展宝宝对照料者的安全依恋。

13 ～ 18 月龄家长准备课

无论是在体格还是心智发育上，这个阶段的宝宝都有了突飞猛进的变化，与外界沟通的能力也在迅速发展。家长可以通过多种多样的游戏，帮助宝宝发展各方面的能力。

大运动：重视上下楼梯、跑跳平衡能力

练习上下楼梯和跑跳

这个阶段的宝宝能够独立行走了，活动范围也越来越大，他想要对身边的一切都探个究竟。等宝宝走得比较稳了以后，可以训练宝宝上下楼梯，锻炼他全身的协调性。你可以这样做：一开始，让宝宝拉着你的手迈上台阶，先从 2 ～ 3 阶楼梯开始练习，让宝宝两只脚分别迈上一级台阶站稳后，再挑战第二层台阶。先这样练习一段时间，鼓励宝宝自己扶着栏杆走上台阶。等宝宝上楼比较稳了，再教他下楼梯，因为下楼梯不好掌握且比较危险。同样地，宝宝刚开始学下楼梯时，家长要扶着他，直到他学会自己扶着栏杆下楼梯。

在练习上下楼梯的同时，还可以让宝宝练习跳。例如，在下最后一级台阶时，你可以握着宝宝的双手，鼓励他向下跳，等宝宝逐渐掌握动作要领后，就改为握着宝宝的一只手，再到完全放开手让宝宝自己跳。

在这个阶段，宝宝也会开始尝试小跑。为了让宝宝能够跑得更加稳当，你需要创造机会让他反复练习。你可以带宝宝做捡小球的游戏，具体做法：

把小球滚出 2 米之外，让宝宝跑过去捡回来，再滚出去，再捡回来。你也可以带宝宝玩捉迷藏找妈妈的游戏，在寻找追逐的过程中，锻炼宝宝跑的能力，以及停下站稳的能力，让他慢慢学会控制自己的身体，不再轻易摔跤。

保持平衡协调能力也很重要

除了上下楼梯、跳和跑以外，锻炼平衡能力也是大运动发展的重要部分。你可以这样做：一开始，在地上画出一块长方形，比作桥，让宝宝练习从桥上走。等宝宝能顺利过桥后，可以用书本搭一个距离地面 5 ~ 10 厘米的"高桥"，让宝宝在高桥上行走。书本搭成的桥也可以是障碍物，让宝宝练习跨过书本同时保持平衡。再进阶的玩法是，你可以用粉笔在地上画一个"S 形线"，让宝宝始终踩着线往前走。只要宝宝高兴，这类练习可以经常做，这对他的大脑平衡知觉、空间知觉的发展很有好处。

如果你觉得上面这些游戏都有点麻烦，那就和宝宝一起玩球吧，你可以和宝宝做相互扔球、接球、滚球、踢球的游戏。玩球的过程中，宝宝可以很自然地练习走、跑、蹲、停、退、转弯等动作，协调能力和平衡能力在不知不觉间就会提高。

要提醒你的是，这个阶段的宝宝学会了踩着物品去够高处的东西，这是宝宝能力发展的表现，但也有潜在的风险。你要注意保证宝宝的安全，例如，保证家具和柜子足够稳固，不要随意放置开水等。

需要特别注意的是，如果宝宝到了 18 月龄还不会独自走路，或者走路不稳、走路摇摆，建议你及时带宝宝去看医生，进行检查评估。

精细动作：精细动作促进认知发展

在这个阶段，宝宝精细动作的能力越来越好，他运用双手的能力也越来越强。例如，他能用拇指和食指的指尖捡起面包屑，能把笔插进笔筒里，能把小圆环套在小棍子上，能拼搭积木，能握笔在纸上乱涂。他也会反复尝试扔出一样东西，观察它的运动轨迹，他会把一样东西放进去再拿出来，他会把玩具盒子不停打开又关上。这些看似奇怪的举动，实际上都是宝宝在观察、感知、思考这个世界，在为将来更复杂的技能，例如写字、拼搭等操作打基础。一句话概括就是，做好精细动作能促进宝宝的认知发展。宝宝只有多动手，大脑才会更加聪明。

动手游戏，可以训练宝宝的精细动作

在这个阶段，你可以和宝宝多玩动手游戏，来训练他的精细动作。其中搭积木和拼图是最常见的益智动手游戏。

搭积木可以先从模仿开始。你可以把一些大小不等、颜色不同的积木交给宝宝，先给他做个示范。例如，搭一所房子或者一座门洞，然后让宝宝模仿。在 15 月龄左右，很多宝宝能自己搭起三四块积木。你也可以带着宝宝把不同大小、不同形状的积木嵌入相应的位置。积木游戏能够训练宝宝的手指灵活性、认识形状和颜色，增强空间概念。

你也可以带宝宝玩卡通拼图：先选择大块、简单的拼图，让宝宝顺利拼出完整的造型。等熟练之后，可以增加拼图的难度和数量。记得始终让宝宝有成就感，并且保持对拼图的热情。拼图游戏不仅能锻炼宝宝的手眼协调能力，还能让宝宝集中注意力，提高观察能力。

训练宝宝精细动作的游戏还有很多，在保证安全的前提下，让宝宝插笔筒、把小珠子放到盒子里、拿笔涂画都是很好的方法。

当然，还有一样比玩具更常见，可以让宝宝动手操作的物品，那就是绘本。你可以边给宝宝讲绘本，边抓着宝宝的小手翻书，在 15 月龄左右，宝宝就能做出翻书的动作，以后还能慢慢掌握按照次序一页一页地翻书看图。

这里要提醒你：注意宝宝的情绪。12 月龄以后的宝宝有了自我意识的萌芽，个性也开始凸显，有时会表现得任性和固执。如果宝宝总是做不好一个游戏，很可能会发脾气，或者心情不好。这是宝宝成长过程中的一个阶段，你不要着急，耐心引导宝宝表达自己的情绪，适当减轻他的压力，并且给予他充分的鼓励和探索的机会。

语言发展：加强听和说的学习

这个阶段的宝宝已经能听懂很多日常用语了，除了会用一些姿势表达自己的意思，说话的能力也更强了。例如，他会指着门，身体往前挪动，表示自己要出去玩。慢慢地，他能清楚地叫出"爸爸妈妈"，说出更多的词语。当宝宝会说一些词语后，他还会模仿大人的腔调，说出一连串自己独创的"语言"。你要鼓励宝宝这样的自言自语，不要轻易打断他。

这个阶段是锻炼听说的好时期，家长可以重点关注以下 3 点，提升宝宝的语言能力。

通过故事、童谣、音乐、游戏，教宝宝说话

你可以通过讲故事、念童谣、听音乐、做游戏等方法，鼓励宝宝模仿发音。例如，你可以重复地念一两首简单的童谣，一开始最好选择押韵而且容易发音的那种，念的时候可以故意拉长音调。例如，你先多跟宝宝念叨几遍"小白兔，白又白"，等宝宝听熟之后，你可以跟宝宝说"小白兔，白又——"等待一会儿，鼓励宝宝接上最后一个字。

你也可以讲一些简单的故事给宝宝听。讲几遍后，你就可以一边讲，一边问宝宝后续的故事情节了。如果故事里有小动物或者常见的发声物品，你还可以边讲故事，边鼓励宝宝模仿动物的叫声或者物品的声音。例如，小鸭子的"嘎嘎"声，小猫咪的"喵喵"声，铃铛"叮铃铃"的声音。

需要注意的是，和宝宝说话的时候，句子要简短、节奏要慢、发音要清晰，多谈及宝宝感兴趣或是眼前能看到的东西，让他把语言和周围的环境结合起来，这样能更好地帮助宝宝理解语言的含义。当宝宝发音的时候，你要认真聆听并且经常表扬和鼓励宝宝。

日常生活中，鼓励宝宝用语言表达

在日常生活中，你也要多鼓励宝宝自己说出物品的名称，要尽量多提问。一开始，宝宝可能不太会说，所以在提问后，你可以试着帮宝宝回答，如此

反复强化。下次再问到同一个问题时，你可以耐心等待。这里向你介绍"5秒法"。所谓"5秒法"是指在提问后，你可以在心里默念5秒，给宝宝思考表达的时间。如果5秒后，宝宝还是答不上来，你反复强调两次后就告诉宝宝答案，以免导致宝宝的抵触和紧张情绪。

除此之外，和宝宝一起看绘本、看书、讲故事，对他的语言发展也很有帮助。建议你在宝宝12月龄左右，每天都和宝宝阅读绘本，把阅读变成一种习惯。

用听动游戏引导语言理解能力

在这个阶段，你可以多和宝宝玩锻炼听动反应能力的游戏。听动反应能力是指能用动作迅速反应听到指令的能力，它体现了听觉与动作的协调性。举个例子，你可以一边说指令，一边做动作给宝宝看，然后让宝宝跟着学。你可以先说"宝宝，拍拍肩膀"，然后拍拍自己的肩膀，让宝宝跟着做。等他做完拍肩膀的动作后，再换另一个动作，你可以说"宝宝，摸摸头"等，以此类推。还可以让宝宝尝试模仿石头剪刀布等各种手势。听动能力弱会表现为，听到指令后反应迟钝，或动作与听到的指令不一致等。多和宝宝玩这方面的游戏，可以锻炼宝宝手口一致的能力，提高大脑反应水平。

适应能力发展：把颜色和数字融入生活，学会区分物品

在这个阶段，宝宝的辨别能力、空间概念、思维、记忆等能力都发生了明显的进步，他开始对客观事物有了从表象到抽象的认知能力。例如，宝宝之前只认识面前具体的玩具，但是现在宝宝已经知道"玩具"这个词语代表的是哪一类东西。当你问他某样并不在眼前的玩具时，他会拉着你的手找到这个玩具，然后指给你看。当他看到书上的图片时，也能和现实生活中的实物联系起来，这代表着宝宝的认知能力在发展。家长可以重点关注以下3点，来帮助宝宝发展适应能力。

把颜色融入日常生活，但不要求宝宝认识

一般在 4 ~ 7 月龄，宝宝的色觉会逐渐发育成熟，可以慢慢让宝宝了解颜色的概念了。宝宝对红色最敏感，因此从红色开始认知是最好的。你可以这样做：拿着宝宝熟悉的红色皮球，反复和他说这是红色的，重复多次之后，再跟宝宝提及红色，他可能会扭头看球或者用手指指球。之后，你可以再找一些红色的玩具或者卡片，告诉宝宝这也是红色的。慢慢地，宝宝会明白颜色这个抽象的概念——不同的物体可以是相同的颜色。

宝宝对颜色的认知是一个比较慢的过程，不要一次教宝宝认识好几种颜色，彻底学会一个颜色后，再学第二个颜色。宝宝很可能要经过三四个月甚至更久才认识一种颜色，所以你一定要耐心。

这个阶段的宝宝不认识颜色也是正常的，有些宝宝要到 30 月龄才认识颜色。经过练习，大部分宝宝能在 21 月龄前正确认出红色，有的宝宝在 18 月龄前就能找出红色了。

把数字融入日常生活，但不要求宝宝理解

这个时期，你还可以试着帮宝宝建立初步的数字概念。你可以经常问宝宝："宝宝几岁啦？"然后伸出一个手指告诉他："宝宝一岁啦。"当宝宝要吃饼干的时候，也可以问他："你想要几块饼干？"然后伸出手指说："是两块饼干吗？"接着，再把相应数量的饼干展示给宝宝看："这是两块饼干，一块、两块，两块饼干。"

类似的方法还有让宝宝摸自己的嘴巴和耳朵，你和宝宝说："我有一个嘴巴，两只耳朵。"宝宝走路的时候，你也可以和宝宝一起数步数："一、二、三……"

需要提醒你的是，这个阶段不必要求宝宝理解数字的含义，你只需要把对数字的认知，融入宝宝的日常生活。宝宝真正理解和掌握数字是在 30 月龄左右。所以，当你提问宝宝的时候，停顿一两秒就自己说出答案吧，通过这样的日常互动，宝宝会慢慢领会数字的含义。

教宝宝区分物品

在这个阶段，你可以继续训练让宝宝按颜色、形状、类型等来给东西分类。例如，你可以带宝宝认鞋子，让宝宝认出来哪双是爸爸的、哪双是妈妈的；你也可以带宝宝认识毛巾，让宝宝分清楚爸爸的毛巾是什么颜色的，宝宝的毛巾是什么颜色的，哪块毛巾更大。接下来，你可以让宝宝看着图片来指认身边的人和物，将书上的实物图片和现实生活中相同的实物联系起来。这个阶段仍然要继续鼓励宝宝看书、翻书、画画。

如果宝宝到了 18 月龄之后，还不能按照要求指人或指物，或者还不会模仿动作，建议家长及时带宝宝看医生，进行检查评估。

---

❶ 本阶段早教重点

- 在大运动方面，可以让宝宝开始练习上下楼梯、跳、跑等。等宝宝行走自如后，可以和他玩一些锻炼平衡能力的游戏。
- 在精细动作方面，可以多和宝宝玩动手游戏，如积木游戏、拼图游戏等，锻炼精细动作、促进认知发展。
- 在语言能力方面，可以通过讲故事、念童谣、听音乐、做游戏等方法，训练宝宝的听觉和语言，鼓励宝宝模仿发音。可以和宝宝玩锻炼听动反应能力的游戏，锻炼宝宝手口一致的动作能力，提高大脑反应水平。
- 在适应能力方面，可以和宝宝玩识别颜色和形状的游戏，把数字融入生活，教宝宝区分物品，并和宝宝一起多看绘本。

19 ~ 24 月龄家长准备课

这个阶段的宝宝，运动能力在飞速发展，精力特别旺盛。你说的大部分话，他都能听懂，自我表达也更加清楚流畅。宝宝的认知和自我意识也在迅速发展，手眼协调的能力更强，对事物的观察、分析、思考能力也在进步。几个月前他还总是喜欢推倒搭好的积木，现在的他却懂得保护自己的作品了。当宝宝察觉到你不开心了，还会上前来安慰你。在这个阶段，家长仍然要通过多种多样的游戏，帮助宝宝发展能力。

大运动：多进行户外活动

这个阶段的宝宝能够自如地跑步、停下，很少会摔跤。他的胆子变得越来越大，会试着从高处蹦下来，还会学着原地跳高跳远。他能慢慢独立上下楼梯了，甚至掌握了一步上一个台阶的本领。这些都是宝宝运动能力和平衡协调能力发展到一定水平的体现。

这个阶段的宝宝精力旺盛，喜欢活动。你需要尽量多地带宝宝去户外，让他尽情地跑跳攀爬，当然一定要注意宝宝的安全。

你可以和宝宝玩跳跃的游戏，继续提高宝宝跑跳的能力，例如，扮演小兔子、小青蛙或者玩跳格子。除此之外，你也要有意引导宝宝做平衡训练类的游戏，例如，和宝宝一起踢球，让宝宝掌控踢球的方向、追着球跑，进一步增强宝宝的身体协调性。

你可以继续让宝宝练习上下楼梯，锻炼身体的协调性，最终的目标是宝宝能够不扶栏杆，独自完成双脚交替上下楼梯。上下楼梯时，你还可以和宝宝一起玩数数游戏，提升宝宝的数学能力。

需要特别注意的是，如果宝宝 24 月龄了，走路还常常摔倒，总也学不会上楼梯，或者特别喜欢旋转身体，建议你带宝宝请医生进行评估。

语言发展：仍然关注语言理解和语言表达

语言理解：注意使用标准词汇和扩展语句

在这个阶段，宝宝学习词汇的速度非常惊人，平均每天都能学会一个新词汇。他能理解的词也越来越多，能听懂简单的指令。宝宝还开始掌握名词以外的词了，例如，他能听懂描述事物特征的形容词"漂亮、热、冷、脏"；描述基本动作的动词"走、拿、玩、打开、盖上"；描述方位的词语"里面、外面"；"你、我、他"这样的人称代词，宝宝也能逐渐理解。

在宝宝学习语言的初期，家长常常会用速度慢、音调高、重复多的叠词和宝宝沟通，例如，"吃饭饭、小车车、戴帽帽"。可到了现在这个阶段，你应该要注意使用一些标准的词汇了。除此之外，你还可以扩展语句，在一句话里加入颜色、形状、大小、方位的描述，这样不仅能增加词汇量，还能让宝宝了解事物的性质。你可以这样说："汽车，一辆红色的小汽车，小汽车开来了"。当然，你也不必着急。宝宝在这个阶段的词汇量，还不足以让他完整地说出一句话来。当宝宝用一两个单词表达想法时，你可以在理解宝宝的意图后，帮他梳理出完整的句子。例如，当宝宝指着桌上的奶杯说："奶！奶！"，你可以说："宝宝想喝牛奶，是吗？"这样积极的回应不仅能提升宝宝的语言理解能力，还能鼓励宝宝进一步学习语言。

要注意，这个阶段的宝宝还不能理解反话和笑话，所以和宝宝沟通的时候要多用正向的语言。例如，当宝宝不好好吃饭，扭来扭去的时候，如果你对他说："你别动，你再乱动试试看。"宝宝不但不能理解你的意思，反而可能动得更起劲。你应该明确地对他说："宝宝坐好，不要乱动，我们要好好吃饭。"

语言表达：玩问答游戏，多讲故事，多唱童谣

这个阶段的宝宝多会用两个单词组成"句子"，他会说"爸爸，再见""狗狗，跑"等。他还会用一些否定和疑问的表达方式，例如，他会用"不睡""不喝"来表示拒绝，也会用"哪里""什么"来问问题。随着宝宝语言能力的提升，他才能说出一个完整的句子。

你还可以和宝宝玩一问一答的游戏，例如，"牙刷是做什么的？剪刀是干嘛的？"这不仅能锻炼宝宝的语言运用能力，还能锻炼宝宝的思维能力，帮助宝宝认识事物的现象和本质。如果宝宝还不会回答，你也不用担心。因为大多数宝宝要不断积累词汇，到24月龄才能玩这样的问答游戏。

讲故事、唱歌、念童谣仍然是宝宝喜欢的活动。你可以在给宝宝讲故事的过程中，反复提问，让宝宝试着接故事。你也可以给宝宝唱童谣和歌曲，优美的旋律和明快的节奏能帮助宝宝记住一些较长的句子。

需要注意的是，宝宝的语言发展存在跳跃式进步。在某一段时间，宝宝可能只会说几个简单的音节。突然某一天，宝宝的词汇量就增加了，能准确说出许多单词，还有短句。所以，家长不要因为宝宝一时的进步缓慢而忧虑，也不要因为宝宝还不会说话就认为他什么都不懂，忽略了和他对话。你需要做的就是在生活中多和宝宝重复，强化他使用新学会的词汇。

精细动作、适应能力发展：用手眼协调游戏提升认知能力

在这个阶级，宝宝的注意力能集中5～10分钟了。他可能学会了折纸、逐页翻书、穿珠子、熟练地开门关门，甚至还能把门锁上，从无规则地乱涂乱画进步到可以模仿着画出直线或圆，还会将积木搭成小塔。他还知道了白天和黑夜的区别，甚至有了季节的初步概念。

在这个阶段，你仍然要和宝宝多玩动手操作类的游戏，通过锻炼手眼协调能力来促进宝宝的认知发展。你可以每天都抽出一些时间和宝宝玩搭积木、

穿珠子、插插片等游戏。你会发现，这个阶段的宝宝，开始从"破坏者"变成了"建设者"，他不再总是推倒搭建好的积木，而是试图把拆散的玩具重新安装起来。你可以陪伴和鼓励宝宝搭建更复杂的结构，还可以给宝宝提供能够变换形状的玩具，提升宝宝的兴趣。当然，在玩小珠子这类的小块物体时，你一定要确保宝宝的安全。

如果宝宝喜欢画画，可以让他充分发挥想象力，任意涂画。如果宝宝喜欢捏橡皮泥，可以让他随意地捏出各种不同的造型。宝宝通常会给你讲解他画的是什么，捏的是什么，虽然可能不太像，但你也没必要纠正他，而是要多称赞他、鼓励他，激发宝宝的创造力和想象力。

你还可以和宝宝多玩认知类的游戏，做颜色、方位、记忆力、观察力方面的训练。具体可以这样做，玩玩具时顺便跟宝宝讲解"这是红色的积木""这是绿色的小皮球"，让宝宝慢慢地认识和理解颜色。之后，你可以问宝宝："树叶是什么颜色？""房间里的红色物品有什么？"之类的问题。游戏时，你可以有意识地加入上下、里外、前后的概念，例如，你可以和宝宝这样说："把积木放到盒子里，把盒子放到桌子下面。"

你可以和宝宝玩数数的游戏，让宝宝先数数积木的个数，然后递给宝宝一块积木，说"1"；递给宝宝两块积木，说"2"。你也可以在亲子互动的时候问宝宝"数一数妈妈有几个耳朵""家里有几个人"。慢慢地，宝宝会逐渐把感知到的数目抽象成理性的数字。

游戏完毕后，你还可以引导宝宝把玩具归类。小球放在一起，卡片放在一起。你还可以进一步让宝宝对一堆不同形状的积木块进行分类，不同大小的球进行分类，这个过程可以让宝宝了解物体的不同属性，锻炼宝宝的观察能力。

需要特别提醒你的是，如果宝宝24月龄了，仍然不能把注意力集中在他喜欢的事情上，不能将2个词语连着说出来，或者掌握的词汇量少于30个，不愿意参与亲子活动，建议你带宝宝请医生进行评估。你要能区分宝宝喜欢的事情和你想让宝宝做的事情，例如，宝宝不喜欢共读绘本，读不了几分钟就走神了，这并不能说明宝宝的注意力不集中。如果宝宝能全神贯注地玩游戏，就是注意力集中的表现。

- 在大运动方面，家长可以多带宝宝去户外，找合适的、安全的场地让宝宝充分活动。可以做平衡训练类的游戏，例如，踢球、上下楼梯。
- 在语言能力方面，多用正规的词汇、长语句、正向的语言和宝宝沟通，要耐心地帮助宝宝梳理语句，多给宝宝讲故事、念童谣，多鼓励宝宝看图说话、接故事。宝宝的语言能力存在跳跃式进步，不要担心宝宝一时的"不会说话"。
- 在精细动作和适应能力方面，可以和宝宝多玩认知类、动手操作类的游戏，通过手眼协调的游戏促进宝宝的认知发展，增强宝宝对颜色、方位的理解，提高宝宝的记忆力和观察力。

25 ～ 30 月龄家长准备课

这个阶段的宝宝，精力依旧旺盛。宝宝的大运动能力、精细动作能力和认知能力都在迅速发展。相比以前，宝宝更有探索精神。在没有家长的帮助下，宝宝也可以自己吃饭、穿脱衣服了。

大运动：增加肌肉强度和协调性

这个阶段的宝宝已经学会了爬行、走路、跑步、跳跃、翻滚、投掷等基本的大运动动作，在不断运动的过程中，宝宝的肌肉强度和协调性也在持续地发展。在运动能力方面，你能看到最大的变化，应该就是宝宝能独自稳定地上下楼梯了。除此之外，宝宝还学会了一些新动作，例如，用手臂进行挥、扫、推、拉等。这些动作对维持宝宝身体平衡也非常重要。

教宝宝骑小三轮车和玩球类

在这个阶段，你可以教宝宝学习骑小三轮车，培养宝宝的手足配合能力。一开始，宝宝可能需要大人扶着，但很快，他就能掌握骑小三轮车的技能，开始独立骑行甚至拐弯。

踢球也很适合这个年龄段的宝宝玩。宝宝一开始会踢不准、站不稳、手脚不协调，但很快，他就能学会把一只脚先向后伸，然后对准球使劲把球踢出去。要知道，这可不是简单的动作。保持身体的平衡，恰到好处地把脚落在球上，是很大的进步。除了踢球，扔球、拍球等球类活动也可以一直玩，这能帮助宝宝提升肢体的平衡性和协调性。

宝宝也会从反复的尝试和失败中思考一些问题，尽管这些思考可能不是有意识的，例如，"我能跳多高？""我能跳上这个台阶吗？""我能追上妈妈吗？""我能把这个球扔到哪里？"在这样的思考中，宝宝会逐渐理解高与矮、上与下、快与慢、远与近等概念。

需要提醒你的是，这个阶段的宝宝精力很旺盛，一会儿爬椅子，一会儿爬桌子，一会儿疯跑，一会儿打闹，所以一定要注意保证宝宝活动场所的安全性。

精细动作：让双手更协调

在这个阶段，宝宝双手协调动作的能力进入了一个更完善的阶段，他可以自己穿珠子，将积木搭成小塔，从无规则的乱涂乱画到能模仿着画出直线。在这个阶段，家长可以通过一些游戏让宝宝的手指更灵巧，更有创造力。

玩积木仍然是最适合宝宝的游戏，哪怕是最简单的搭高的玩法，宝宝都可能玩不腻。你可以和宝宝比一比谁搭得更高、更稳。24 月龄以上的宝宝可以把 6 ~ 7 块，甚至更多的积木垒起来。你也可以教宝宝搭火车、小桥等形状，或者鼓励宝宝自由发挥，搭建他在生活中看到的、在脑海里想象的物品。

画画也很适合宝宝玩。如果宝宝喜欢画画，你可以每天安排时间，鼓励宝宝画一些简单的线条、图形等。你可以和宝宝说："我们一起画一棵树，画个太阳公公，画一所小房子吧。"画画能帮助宝宝了解简单的图形，以及生活中的事物。

除此之外，拼图、套叠玩具、拼插玩具、穿珠子、夹豆子等游戏，只要宝宝感兴趣，你都可以和宝宝一起玩。一起玩这些游戏既可以锻炼宝宝的精细动作能力，又可以增强亲子关系。你还可以将精细动作的锻炼与日常生活相结合。例如，让宝宝学习自己穿脱袜子、解扣子、握筷子、整理玩具箱、扫地、擦桌子等。

在陪伴宝宝玩游戏的过程中，你一定要有足够的耐心，要学会适当的等待，给宝宝自己动手和思考的时间，不要第一时间帮他完成或者提出过高的要求，这反而容易给宝宝带来压力，让他抵触。

如果这个阶段的宝宝不能搭起超过 4 块积木的小塔，只喜欢某几样玩具，爱玩的大多都是圆形的东西，建议你带宝宝请医生进行评估。

适应能力发展：玩玩具、完成任务、角色扮演

认知发展：准备形状盒、拼图玩具

宝宝对空间、时间和颜色的感知越来越清晰了。他能理解内外、前后、长短，以及简单的时间概念。例如，宝宝能听懂"洗了澡再玩""吃完饭给你"这样的句子。

你可以给宝宝准备形状盒、拼图类的玩具，进一步强化宝宝对形状的认识。向宝宝发出"把三角形放桌子上""找出圆形的小卡片"等指令，或者直接问宝宝："这个东西是什么形状的？"你还可以通过日常生活接触到的物品或人，帮助宝宝理解数量。例如，"家里有几个人""比一比谁的糖果多"，等等。

注意力发展：布置明确的任务，让宝宝一步步完成

集中的注意力能让宝宝从周围环境中获得更清晰、更丰富的信息。注意力的发展是宝宝认识世界、探究世界，以及学习能力的基础。如果宝宝注意力不集中，就不会获得对特定事物的清晰认识。

对于感兴趣的事情，30 月龄左右的宝宝的注意力可以集中 10 ~ 20 分钟。注意力集中的前提：这件事本身是宝宝喜欢和感兴趣的，而不是你单方面想让宝宝关注的。你可以通过游戏的方式，给宝宝布置一些力所能及的任务，宝宝为了完成任务，需要有意识地调节自己的行动，这能够促进有意注意的发展。你给宝宝的指令需要具体而明确，让宝宝知道需要做什么、怎么做、做成什么样子。例如，你可以让宝宝把积木搭成一个小塔，再搭一个小桥，搭完后，再把积木一块块放回盒子里收好。不过，在这个阶段，宝宝的

注意力还是不稳定，容易走神，家长们不能着急，最好选择宝宝感兴趣的事情来做引导，一开始也不要对宝宝要求过高。

一个安静的环境，能让宝宝的注意力更集中。所以，在宝宝专心做事的时候，大人不要在一旁看电视、聊天，或者频繁地打断宝宝。陪宝宝一起玩玩具的时候，家长可以引导，但不要用自己的主观想法去打断宝宝的思路。

需要提醒你的是，很多家庭会在房间的某个角落设置娱乐区，把宝宝所有的玩具都放在那里。但这样一来，宝宝在玩耍的时候就会频繁换玩具，稍微不感兴趣了就换下一个，少了专注探索的过程，不利于宝宝注意力的培养。所以在宝宝的视线范围内，玩具不需要准备太多，等他确实对一样玩具不感兴趣了，再给他换下一个。

想象力发展：玩角色扮演游戏，让宝宝接触丰富多彩的事物

想象力是大脑自由联想和自由创造新形象的能力。发展宝宝的想象力，首先要丰富宝宝的感性认识。宝宝头脑中储存的形象越丰富，想象力就越强。没见过马的宝宝不容易构思出骑着马儿奔腾的场面，没去过农村的宝宝也很难想象出碧绿的田野。因此，要让宝宝多接触各种事物，得到丰富的感官刺激，为宝宝的想象力提供素材。

想要促进宝宝的想象力发展，你可以和宝宝玩角色扮演的游戏。这个阶段的宝宝已经开始会模仿成人的行为，再现自己的生活场景了，这也是他喜欢玩过家家的原因。角色扮演能够促进模仿、记忆、想象、创造能力的发展。通过游戏，还可以让宝宝了解一些社会场景，了解同伴之间应该如何交往、配合、轮流和等待，促进宝宝社会性的发展。

想象力也可以在日常生活中训练。你可以指着黑板上的小点点，让宝宝想象这是什么，宝宝可能会说这是星星，是梅花鹿的斑点。你也可以在纸上画几条曲线，让宝宝想象这是什么，宝宝可能会说这是水波，是小蚯蚓。让宝宝自由发挥吧，他会给你意想不到的回答。

你还可以经常给宝宝讲一些科幻故事、童话、神话、寓言，然后和宝宝分别扮演故事里的角色，一起去想象故事情节，也可以鼓励他自己编故事。

- 在大运动方面，要着重锻炼宝宝的肌肉强度和肢体协调性。两脚交替上下楼梯，学习骑小三轮车，练习抬脚踢球是很好的训练方法。要注意宝宝活动环境的安全性。

- 在精细动作方面，家长可以和宝宝一起玩玩具，锻炼宝宝的手指灵活性，同时也可以培养宝宝的创造性。

- 在适应能力方面，要通过给宝宝布置一些力所能及的任务，培养宝宝的注意力。通过多带宝宝接触、感受各种事物，发展宝宝的想象力。

31 ~ 36 月龄家长准备课

这个阶段的宝宝每天依旧精力旺盛，他的动作越来越协调，能熟练地握笔画画，语言表达能力日趋完善，开始像个小大人一样能说会道，喜欢思考和提出各种问题。家长设置的游戏也要符合宝宝这个阶段的发育特点。

大运动：多跑、多跳、多去户外活动

快 36 月龄时，宝宝的肌肉更结实了，他能非常利索地跑步、骑小车，甚至还能单脚跳。这个阶段可以有意识地让宝宝多锻炼，跑步、跳远、跳高都行。除了运动能力变强了，宝宝的身体稳定性也更好了。家长还可以通过引导宝宝玩足尖走路、单足站立、单脚蹦的游戏，进一步提高宝宝掌控重心和平衡的能力。另外，户外进行的爬山、玩秋千、玩翘翘板和玩滑梯，可以提高宝宝的运动能力。

需要特别提醒的是，如果宝宝的动作总是很笨拙，容易摔跤，不会双脚跳跃，要及时带宝宝看医生，进行发育评估。

语言发展：飞速进步，突然有新的表达

在这个阶段，宝宝的语言发展非常快速，词汇量突飞猛进。一般 24 月龄前的宝宝大约会说 400 个字，可以说 2 ~ 4 个字的短句。到了快 36 月龄的时候，宝宝大约能掌握 1000 个字，还能用完整的短句子表达自己的想法。例

如，他会问："妈妈，这是什么东西，这是干什么的？"他还会使用修饰词，例如，他会说："这是红色的汽车。"这种表达有时就是突然发生的，可能你之前从未听宝宝这样思路清晰地表达过。

多和宝宝聊天

你越频繁、越有效地和宝宝交谈，他的语言能力就会越好。当宝宝能较好地理解别人的话，也能通过语言表达出自己的意愿后，他会很喜欢听你说话。建议你每天都花点时间和宝宝一起聊天，认真回答他提出的问题，也向他提出问题。例如，一起玩游戏的时候，你可以问："我们接下来要做什么呢？"

你可以教宝宝熟悉家庭成员的名字和职业，用类似"你爸爸叫什么名字？你的大名是什么？你爸爸是做什么的？"等问题来和宝宝互动。你也可以选择一些宝宝熟悉的物品，教宝宝说出物品的用途，你可以说："这是茶杯，宝宝用茶杯做什么呢？"

你还可以教宝宝说反义词。你说"大"，宝宝答"小"，类似的还有"上、高、长、胖、前、左、黑、快、远"等词语。如果宝宝答不上来，你可以引导他说出答案，然后再解释词义。在和宝宝聊天的时候，你还可以融入"你、我、他"这些代词。

你需要注意的是，宝宝在这个阶段的发音可能还不够清晰，说话也可能会颠三倒四。例如，可能会把草莓说成"倒莓"，你不需要说他错了，直接示范正确的语序和读音就好了。例如，你可以说："草莓，宝宝要吃草莓"。

通过这样的游戏或有目的的互动，可以让宝宝逐渐积累丰富的词汇。家长们不要低估宝宝的语言能力，当然你也不要用太难的词句，让宝宝难以理解。

编故事、念童谣是好方法

看图编故事、念童谣和朗读诗歌，也是这个阶段需要多带宝宝做的。你可以选择一些卡通人物图片，让宝宝描述他们在做什么，或者让宝宝根据图片自由编故事。临睡前的读故事环节，可以由一开始单纯地讲故事给宝宝听，变为边读边提问。

教宝宝念童谣，背诵一些朗朗上口的诗歌也是不错的方法。最好能选择一些描绘图像意境的童谣或诗歌，这样不仅能锻炼宝宝的语言能力，还能锻炼宝宝的记忆力。

适应能力发展：关注思维力、数学启蒙、想象力

你可以把适应能力简单理解成认知能力。这个阶段的宝宝已经会思考问题，有了初步的思维能力了。他会结合自己的经验来找出事物的内在联系和规律，开始对结果有一定的判断。例如，看到杯子里的水冒着热气，宝宝会分析出水很烫，不会贸然去喝。他还开始有了时间的概念，能准确报出物品的数量，能说出两种或更多的颜色，喜欢玩更有挑战性、更有创造性的游戏。

多玩拼插玩具、看图做任务的游戏

你可以多带宝宝玩拼插玩具、看图找不同、看图配对、看图找对应关系的游戏，这能够帮助宝宝发展观察力和思维力。例如，你可以画一张脸，但是少画一张嘴，接着让宝宝从图中找出缺漏部分，再让宝宝动手补充上去。你还可以让宝宝比较几个人的高低、几本书的厚薄，去引导宝宝观察事物之间的区别和联系。

数学启蒙：多玩数数、辨方位、认时间的游戏

这个阶段的宝宝有很强的数字概念了。我们可以通过游戏继续强化宝宝对数字的感知。例如，你可以和宝宝一起数一堆积木块，从 1 数到 10，问宝宝："红色的积木有几块？绿色的积木有几块？红的多还是绿的多？红的比绿的多几块呢？"在日常生活中，你也可以经常问宝宝："桌子有几条腿？你几岁了？家里电话号码是多少？"

除了感知数字，你还可以教宝宝识别方位。在带宝宝散步的时候，你可以边走边说："我们要去公园，前面红绿灯往右拐就到了。"在快回到小区的

时候，还可以问问宝宝："接下来我们往哪里走啊？"讲故事或者看到周围事物的时候，你也可以跟宝宝说："桥上面有车子，桥下面有小船，你的左边是什么，你的右边是什么？"

除了数量和方位，你还可以教宝宝有关时间的概念。时间的概念比较抽象，但你可以以生活为参照，来引导宝宝逐渐了解时间和生活的关系，例如，吃完早餐可以去小公园玩一会儿，晚饭前可以玩积木或者看 20 分钟书。先让宝宝有明确的早上、中午、晚上的概念，再逐步掌握具体时间，接着再去理解天、星期、月、季节等概念。

想象力发展：多玩角色扮演、联想游戏

在这个阶段，你仍然可以多和宝宝玩角色扮演游戏。让宝宝假装自己是医生、战士、厨师、妈妈等角色，去演绎接下来的情节。画画涂鸦是很好的训练想象力的方法，你要鼓励宝宝涂鸦，并让他给你讲解画的是什么，画里有什么样的故事。

你还可以多让宝宝联想，例如，让宝宝从绿色开始想象。他可能会想到草地，草地上有牛，草地上方有蓝天白云。当然，想象是建立在生活基础上的。日常你要多带宝宝接触丰富的世界。

社会行为：给宝宝创造和其他小朋友玩耍的机会

这个年龄段的宝宝在和别的小朋友一起玩的时候，不再像小时候那样总爱各玩各的，而是会开始合作。这是宝宝对同龄人产生兴趣，并愿意与他们尝试沟通、建立友谊的表现。家长要为宝宝创造与其他小朋友一起玩耍的时间和机会，这是促进宝宝社交发展的重要方法。

你可以教宝宝去朋友家做客的时候要有礼貌，例如，要主动问好，离开时说再见，接受礼物时说谢谢，不乱翻别人家里的东西。和小朋友一起玩的时候要懂得合作，学会守秩序、讲规则。

生活能力：从穿脱衣服开始

30 月龄的宝宝已经有了一定的生活自理能力。这个时候，家长可以从穿脱衣物开始，鼓励宝宝自己的事情自己做。一开始先给宝宝穿不用系鞋带的鞋，教宝宝把脚伸进鞋子里，提起鞋跟，慢慢再让宝宝穿有鞋带的鞋。系纽扣也可以从按扣开始练习，慢慢再到系有扣眼的扣子。这些日常小事，不但能增强宝宝的生活能力，也能很好地巩固宝宝的手眼协调能力。

ⓘ 本阶段早教重点

- 在大运动方面，家长可以让宝宝多锻炼，例如，跑步、跳远、跳高，锻炼宝宝掌控重心和平衡的能力。

- 在语言能力方面，家长可以多和宝宝进行有效的交谈，给宝宝念童谣和诗歌来训练宝宝的语言能力。

- 在适应能力方面，家长可以多和宝宝玩数数、辨方位、认时间的游戏，提升宝宝的认知能力。多玩看图找不同、看图配对、看图找对应关系的游戏，发展宝宝的观察力和思维力。通过角色扮演游戏、画图讲故事的方式，促进宝宝想象力的发展。

- 在社会行为方面，家长要为宝宝创造与其他小朋友在一起玩耍的时间和机会，重视社交能力的发展，培养宝宝有礼貌、懂合作、讲规则的意识。

- 在生活能力方面，家长可以从日常生活的小事开始，培养宝宝的生活自理能力。

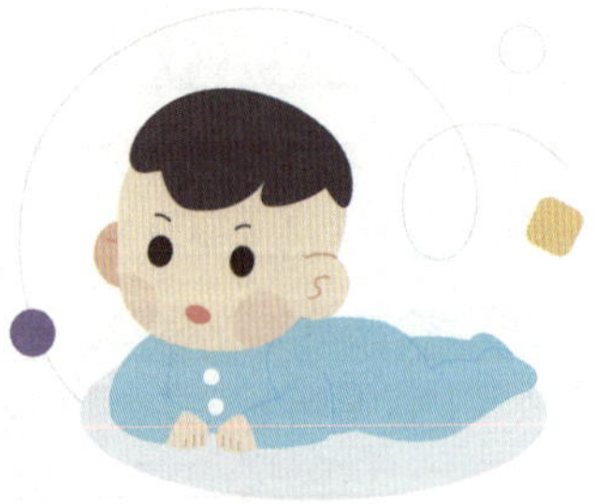

1

月龄及以上

伸展抚触操

◉ 提高大运动能力　　◉ 促进骨骼和肌肉的发育　　◉ 提高身体感知能力

很多家长都知道要给宝宝做抚触操，但是你可能不知道，给宝宝做伸展运动是其中很重要的一个环节。刚出生的宝宝并不知道自己的身体和妈妈的身体其实是分开的，随着宝宝肢体能力的增强，他也会对自己的身体越来越感兴趣。伸展抚触操可以帮助宝宝感知自己的身体，认识到小手臂和小腿的存在。伸展运动对宝宝的骨骼和肌肉发育也非常有帮助。

玩法演示

🔒 道具准备

1 张垫子（或在小床上进行）。

♟ 游戏步骤

1. 让宝宝仰卧在垫子或小床上，捏一捏宝宝的胳膊和双腿。
2. 把宝宝的双臂向上拉伸，再把宝宝的双腿向下拉伸，注意力量要轻柔，速度放缓。
3. 同时握住宝宝的左胳膊和右腿，向相反的方向拉，形成对角线。再换成右胳膊和左腿，向相反方向拉，注意动作要轻柔，一边做可以一边喊"1、2、3、4"，丰富对宝宝的感官刺激。

❗ 注意事项

1. 开始做抚触操之前，一定要和宝宝有眼神交流。
2. 运动前，先放松宝宝的肌肉，从宝宝肩膀抚摸到宝宝双脚，这样会提高宝宝对伸展运动的接受度。
3. 注意拉伸动作要顺着宝宝用力的方向，减少宝宝的抵抗。

◢ 如果宝宝喜欢这个游戏，你不妨让他再试试 80 页的游戏"揉面团"。

扫一扫
看视频

翻身预热练习

☑ 提高身体控制能力 ☑ 提高身体感知能力

　　学会翻身意味着宝宝对身体的控制能力大大增强，在宝宝1个多月的时候，家长就可以带着他做翻身预热练习了。反复练习几次以后，宝宝对身体的控制能力和身体感知能力会大大增强，为学习翻身做准备。很多家长都觉得翻身是自然行为，不用刻意锻炼。其实不是这样的，如果提前进行引导和协助，宝宝能够更早地进行随意运动，这对宝宝的主动探索可是非常有帮助。

🎒 道具准备

1 张垫子或毯子。

♟ 游戏步骤

1. 让宝宝仰卧在垫子上，和宝宝进行眼神交流。
2. 单手抓住和宝宝头部的方向相反的那侧大腿，抓握时大拇指放在宝宝腿下方，其余 4 指放在腿上方。将其放在另一条腿上面，双腿呈交叉状。
3. 另一只手放在宝宝后背腰处，顺着宝宝的用力方向，略微用力推，让宝宝借助这个力扭动腰部，带动全身，完成翻身。大部分宝宝会自行调整头部位置。
4. 如果宝宝手臂被压住，可以先观察 10 秒左右，看宝宝是否可以自己抽出手臂，如果抽不出来，可以帮助他抽出。

❗ 注意事项

1. 注意动作一定要轻柔。
2. 注意不要在宝宝吃奶后 20 分钟内进行这个游戏。

➢ 如果宝宝喜欢这个游戏，你不妨让他再试试 111 页的游戏"骨碌碌"。

扫一扫
看视频

抬头练习

✅ 提高对头颈部的控制能力

对于新生儿来说，抬头是生长发育过程中一个重要的里程碑式的动作。抬头能帮助宝宝扩大视野范围，更好地追听和追视。另外，抬头还能帮助宝宝头、肩、颈、背部肌肉的发育。家长如何帮助宝宝学会这个动作呢？看看这个游戏吧！

玩法演示

🔒 道具准备

1 个发声小玩具，例如手摇铃、小沙锤。

✖ 游戏步骤

1. 让宝宝俯卧在小床或者垫子上。注意千万不要堵住宝宝的口鼻，让宝宝的头侧放在小床上。

2. 在宝宝的脑袋上方摇动发声小玩具，吸引宝宝的注意力，宝宝会慢慢抬头追视小玩具。

3. 满月的宝宝，可以每天锻炼 2 ~ 3 次，每次 10 ~ 15 秒。2 月龄的宝宝，可以每天集中训练 4 ~ 5 次，每次 20 秒 ~ 60 秒，两次训练间隔 5 分钟左右。

❗ 注意事项

1. 如果宝宝在床上趴不住，可以让他趴在家长身上，习惯趴姿之后，再让宝宝趴在床上。

2. 刚满月的宝宝注意每次训练时间不要太长，不要超过 20 秒，否则宝宝会觉得很累，从而对这个动作产生厌倦心理。

📩 如果宝宝喜欢这个游戏，你不妨让他再试试 83 页的游戏"宝宝俯卧撑"。

我的小手指

● 提高精细动作能力

这个阶段的宝宝还不能说出自己身体部位的名称，你能做的就是耐心等待，坚持给宝宝做这个游戏。在这个游戏中，你的触摸可以带给宝宝丰富的触觉刺激，让他逐渐了解自己的身体部位，知道某个身体部位应该如何活动。搭配上童谣还能让宝宝感受到语言美妙的韵律。

🔒 道具准备

不需要准备任何道具。

♣ 游戏步骤

1. 家长需要让宝宝平躺在床上，用拇指和食指从宝宝的指根轻轻拉至指尖。可以一边拉宝宝的手指一边说："擀面条，擀面条，我把面条擀一擀，擀出粗粗短短面条。"

2. 接下来，家长可以用拇指和食指从宝宝的指根轻轻捏至指尖。可以一边捏宝宝的手指一边说："捏面条，捏面条，我把面条捏一捏，捏出细细长长面条。"

❗ 注意事项

1. 家长在做这个游戏时，要顺着宝宝手指指根到指尖的方向，不能大力拉扯。在进行捏面条游戏的时候，要注意捏宝宝的手指腹侧和背侧，家长不能将整个手指塞进宝宝的指缝里，因为这个时候宝宝的手指是很细小的。

2. 由于宝宝年龄太小，小手可能握得很紧，不要强行掰开宝宝的小手。可以在宝宝手的背面轻轻地捏一捏宝宝的小手指。

✈ 如果宝宝喜欢这个游戏，你不妨让他再试试 74 页的游戏"手指的奇妙旅行"。

扫一扫
看视频

抓握练习

☑ 提高精细动作能力   ☑ 提高手脑协调能力

宝宝出生 1 个月以后，就会出现一些抓握反射了，什么是抓握反射呢？就是你给他一样东西，他会非常自然地抓住，这就是所谓的"抓握反射"。这种反射在第 1 个月时增强，随后逐渐减弱，到 3 ~ 4 个月时消失，被主动的抓握代替。即便是抓握反射，多多练习也可以帮助宝宝精细动作的发展。

🔒 道具准备

1 个会发声的玩具，例如手摇铃、小沙锤。

🧩 游戏步骤

1. 摇响发声玩具吸引宝宝注意力。
2. 把发声玩具递给宝宝，让他抓住。
3. 待宝宝抓住后，握住宝宝双手上下晃动，让发声玩具发出声音。
4. 向宝宝描述这个动作："宝宝，是你晃响了这个玩具，你不晃它就不发声了！"这样能逐渐建立宝宝手与脑之间的联系，让宝宝感觉到这是由他自己完成的。这样，抓握反射就会逐渐发展为主动抓握了。

大大声、小小声

语言能力

● 提高听觉感知能力　● 提高语言能力

　　宝宝对声音非常感兴趣，也非常敏感，但是定位声音的能力是需要训练的。为了锻炼宝宝的听觉发育能力，家长不妨带宝宝试试这个游戏。

玩法演示

🔒 道具准备

不需要准备任何道具。

✿ 游戏步骤

1. 让宝宝仰卧，家长握住宝宝的双手，将宝宝的双手向胸前合拢，配合童谣，家长的声音变得轻又小。你可以小声说："打雷了，下雨了，小雨淅沥沥沥沥沥。"

2. 家长握住宝宝的双手，将宝宝的双手向两侧打开，配合童谣，家长的声音变得大而响亮。你可以大声说："打雷了，雨大了，大雨哗啦啦啦啦啦。"

ℹ️ 注意事项

1. 家长在念童谣时一定要注意音量大小的变化，大雨声音大，小雨声音小，让宝宝感受声音音量的变化。

2. 家长在握住宝宝双手做动作的时候，不要太用力，以免拉伤宝宝。

3. 家长在大声读童谣时，要用好听的声音，不要喊，也不要距离宝宝耳朵太近。

4. 在从小音量转化成大音量的时候，要有一个过渡，声音慢慢变大，给宝宝一个适应的时间。

✈ 如果宝宝喜欢这个游戏，你不妨让他再试试 102 页的游戏"高低音"。

扫一扫
看视频

嘘嘘嘘

⊘ 稳定宝宝情绪　⊘ 为宝宝发声做准备　⊘ 提升平衡能力

　　宝宝非常喜欢听爸爸妈妈的声音，感受爸爸妈妈温柔的抚摸。被家长紧紧抱住对宝宝来说也是一种新奇而有趣的体验。当你一边晃动宝宝的身体，一边跟宝宝说话或者唱歌的时候，让宝宝感受到你的声音、抚摸和气流的时候，不仅能刺激宝宝的平衡能力，还能安抚宝宝的情绪，给他安全感。

玩法演示

🔒 道具准备

不需要准备任何道具。

✿ 游戏步骤

1. 当宝宝哭闹时，家长需要让宝宝双手向前交叉仰卧在床上，家长然后用手托住宝宝的头颈部，用另一只手托住屁股将宝宝抱起。

2. 家长需要在抱好宝宝后，轻轻摇晃宝宝，并在宝宝耳边发出"嘘"的声音；家长还可以靠宝宝近一些，让宝宝感受口部气流的流过。发出"嘘"的时候还可以让宝宝观察家长的嘴型，对宝宝的发声有很好的促进作用。

ⓘ 注意事项

这个游戏对新生儿有比较好的安抚作用，对大一点的宝宝效果不显著。除了游戏时间，在宝宝觉得烦躁不安甚至哭泣的时候，家长都可以用这个声音对宝宝进行情绪安抚。

扫一扫
看视频

促进宝宝的视觉发育

适应能力

- ✅ 提高追视能力　✅ 促进视觉发育

视觉发育是宝宝感觉统合系统中重要的组成部分。婴儿对颜色的识别是逐步完善的。新生儿眼睛中感知颜色的视网膜结构尚未成熟到感知红色、蓝色、粉红色、黄色等颜色，强烈的黑白对比色最容易引起宝宝的关注。在宝宝出生后不久家长就可以用黑白卡片让宝宝专注其中，促进宝宝的视觉发育了。

🎒 道具准备

3 ~ 6 张黑白卡片。

♣ 游戏步骤

1. 让宝宝躺在床上或者垫子上。
2. 拿出一张卡片，在宝宝眼睛上方 15 ~ 20 厘米处缓慢地左右移动，吸引宝宝进行追视。
3. 如果宝宝喜欢，可以和宝宝多玩一会儿。
4. 如果宝宝疲倦了，则要及时休息。

❗ 注意事项

1. 注意在宝宝 2 月龄之前，只推荐使用黑白卡片让宝宝追视。此时宝宝的视觉发育还不成熟，看到的世界是黑白且模糊的，黑白卡片的清晰轮廓更有利于促进宝宝的视力发育，而彩色会给宝宝视觉造成过多刺激。

2. 宝宝此时的视觉范围只有 15 ~ 30 厘米，因此卡片离宝宝 15 ~ 20 厘米就可以了。

🖊 如果宝宝喜欢这个游戏，你不妨让他再试试 67 页的游戏"旋转的雨伞"。

促进宝宝的触觉发育

适应能力

● 提高触觉感知能力　　● 增强身体和大脑的联系

　　触觉是感知系统的重要组成部分，也是宝宝探索世界的重要方式。宝宝的皮肤比较敏感，这个游戏能够帮助宝宝感受不同物体的材质。不同的小物件扫过宝宝皮肤的时候，都会引起他强烈的好奇心。

🔒 道具准备

1 个毛绒玩具、1 个干净的鸡毛掸子、1 条光滑的丝巾。也可以用其他触感不同的安全物品来代替。

♣ 游戏步骤

1. 让宝宝躺在床上或者垫子上，露出肚皮。
2. 分别用毛绒玩具、干净的鸡毛掸子或光滑的丝巾等物品缓慢滑过宝宝的肚皮，注意要给宝宝详细描述感觉，例如："宝宝，这是毛绒玩具，在你的身上滑过，你有没有感觉毛茸茸的，很舒服？"

✈ 如果宝宝喜欢这个游戏，你不妨让他再试试 116 页的游戏"干的湿的"

65

促进宝宝的听觉发育 1月龄及以上 **适应能力**

◎ 提高听觉追踪能力

　　宝宝对声源的定位能力并不是天生的。在宝宝出生后不久，家长就可以带宝宝做这个小游戏了。多种多样的声音可以刺激宝宝的听觉发育，也会促使宝宝主动去寻找声音的来源，提升听觉定位能力。慢慢地，宝宝也会发现不同声音之间的区别和变化。

🔒 道具准备

1 个声音低缓柔美的发声玩具（如手摇铃、小沙锤）。

🧩 游戏步骤

1. 让宝宝躺在床上，在宝宝耳边摇响发声玩具，由近及远，再由远及近。
2. 吸引宝宝注意力后，把发声玩具藏起来摇响，吸引宝宝扭头寻找声音来源。
3. 经过几次训练，宝宝就会扭头追踪声音的来源，这个时候宝宝的听觉追踪能力就得到了锻炼。

❗ 注意事项

在此阶段，注意不要用声电光的玩具给宝宝做听觉训练。

✈ 如果宝宝喜欢这个游戏，你不妨让他再试试 250 页的游戏"声音在哪里"。

旋转的雨伞

- 提高社交能力
- 提高追踪和视觉感应能力

刚出生的宝宝并不知道如何用视线追踪物体，也不明白物体为什么会发生移动，因为视觉的发育是需要时间的。这个游戏可以吸引宝宝的注意力，促进提高宝宝的视觉追踪能力。

道具准备

1 把雨伞、1 张纸条、1 个胶带。

游戏步骤

1. 家长将雨伞撑开，用胶带把准备好的纸条整齐地粘贴在伞面上。伞上的纸条距离宝宝头上方 10 ~ 20 厘米。
2. 让宝宝平躺在床上。
3. 家长握住雨伞的手柄，将伞面对着宝宝轻轻地转动雨伞，让宝宝进行观察。注意力量不要过大，以免吓到宝宝。

❗ 注意事项

1. 新生儿的视觉范围有限，纸条和宝宝的距离不宜超过 20 厘米。
2. 一开始玩游戏时宝宝的追视效果可能不好，可以减慢转动雨伞的速度，并且多次重复之前的游戏。

🎲 拓展玩法

1. 家长可以选择颜色不同的纸条。
2. 家长还可以选择把人脸藏在雨伞后，然后再露出来，强化宝宝对人脸的感知。

如果宝宝喜欢这个游戏，你不妨让他再试试 77 页的游戏"丝巾飘飘"。

扫一扫
看视频

磁铁游戏

● 增强亲子关系　● 锻炼平衡感

　　刚出生不久的宝宝非常需要和家长的身体亲密接触，可以通过磁铁游戏来增加宝宝与家长接触的机会。宝宝趴在家长胸前，家长紧紧护住宝宝的感觉，会让宝宝觉得自己仿佛还在妈妈的子宫里。还可以通过轻声低唱，有节奏的晃动等来安抚宝宝慢慢进入梦乡，这样可以带给宝宝安全感，也可以帮他建立信任感。

🔒 道具准备

1个靠枕。

🧩 游戏步骤

1. 家长把宝宝抱在胸前坐下，身后可以放1个靠枕。注意要托住宝宝的腰部和颈部，因为此时宝宝的脊柱发育得还不是很完善。
2. 家长一边轻轻摇晃自己身体，一边给宝宝念童谣，或者和宝宝互动对话。
3. 让宝宝感受家长胸腔的振动和对宝宝的爱。

> ✈ 如果宝宝喜欢这个游戏，你不妨让他再试试106页的游戏"毛毛虫变蝴蝶"。

2

月龄及以上

手足蹬物

✓ 增强四肢力量 ✓ 提高抓握反射能力

　　随着宝宝逐渐长大，他的小手和小脚会变得越来越有劲儿，而且喜欢用力地向四周挥舞，我们可以根据这个特点来做手足蹬物的游戏，这样可以增强宝宝手部、腿部、腹部的力量。四肢力量的提升对宝宝后期学习翻身、爬行、走路，都会有很大帮助。

玩法演示

🔒 **道具准备**

1 个小球。也可以用宝宝能踢动的其他小玩具代替小球。

游戏步骤

1. 让宝宝仰卧在一张垫子或者小床上，记得不要给宝宝带手套、穿袜子，否则会降低宝宝的触觉敏感度。
2. 把小球放在宝宝脚边，并慢慢地向宝宝双脚的方向推，当宝宝的脚接触到小球时，他会自然踢开小球。
3. 把小球放在宝宝手边，并慢慢地向宝宝的手心里推，当宝宝的手接触到小球时，他会自然推开小球。

❗ **注意事项**

把小球推向宝宝的双脚前，要让宝宝的双腿自然弯曲。这时宝宝会自然向外伸腿，踢开小球。

✈ 如果宝宝喜欢这个游戏，你不妨让他再试试 156 页的游戏"足球运动员"。

扫一扫
看视频

吊床之旅

◔ 促进本体觉的发育　　◔ 提高平衡能力　　◔ 锻炼头颈部肌肉

本体觉是指大脑可充分掌握自己身体的能力。本体觉失调的话，可能会导致宝宝肢体控制能力差、小动作多、手脚笨拙等问题。在吊床游戏中，宝宝在空中身体位置的变化会促进本体觉和平衡能力的发育。如果宝宝在吊床中尝试抬头，还会锻炼宝宝头颈部的力量。另外，父母满眼的爱意，温柔的细语，也会让宝宝感觉很放松，增加宝宝对外界的信任感。

玩法演示

🔒 道具准备

1 张长约 100 厘米、宽约 80 厘米的宝宝毯。

♣ 游戏步骤

1. 让宝宝仰卧在宝宝毯上，此时宝宝脖子发育不完善，无法自如转头，因此要摆正宝宝头部，不要让宝宝的脑袋歪向一边。

2. 爸爸妈妈分别握住宝宝毯两角，轻轻晃动宝宝毯。

3. 晃动时不断地呼唤宝宝小名，让宝宝感受到身体的存在。

⚠ 注意事项

1. 宝宝晃动的方向可以和爸爸妈妈连线方向垂直。

2. 刚开始时如果宝宝害怕，可以轻轻晃动，并轻唤宝宝小名。如果宝宝觉得有趣，可以适当加大晃动的幅度。

如果宝宝喜欢这个游戏，你不妨让他再试试 98 页的游戏"翻来滚去"。

扫一扫
看视频

认识我神奇的小手

精细动作

✅ 增强宝宝对双手的认识 ✅ 提高动手能力

在这个阶段，宝宝逐渐意识到自己可以操作这双神奇的小手，也会有想要使用小手的欲望，但是他对手部的控制能力还需要锻炼。这个小游戏可以激发宝宝动手的意愿，提升宝宝的抓握能力，还能帮助宝宝认识世界。

🎒 道具准备

1 个常见的会动、会发声的玩具。

🧩 游戏步骤

1. 家长把宝宝抱在怀里，或者让宝宝躺在垫子上。
2. 把玩具递给宝宝，让宝宝抓住。
3. 如果宝宝没有抓玩具，家长可以握住宝宝的双手，对宝宝进行适当引导，练习宝宝的抓握能力。
4. 当宝宝抓住玩具后，还可以引导宝宝去按动玩具按钮，打开玩具开关。

❗ 注意事项

1. 宝宝暂时不适合玩带有强光线的玩具，所以发声玩具不要买会发光的。
2. 宝宝刚出生时就有抓握反射，反复游戏可以增强宝宝的抓握能力。

➤ 如果宝宝喜欢这个游戏，你不妨让他再试试 85 页的游戏"自主抓握小游戏"。

手指的奇妙旅行

✓ 提高皮肤的触觉感知能力

　　宝宝认识世界的方法之一就是触觉感知。宝宝的皮肤一般都比较娇嫩敏感，通过对宝宝手指及脚趾内侧皮肤的摩擦，可以增加宝宝对自己小手小脚的了解，也可以帮助宝宝提升触觉感知能力。

玩法演示

🔒 道具准备

几根棉签。

♣ 游戏步骤

1. 让宝宝躺在爬行垫或者床上，家长坐在宝宝旁边，手拿一根棉签。
2. 哼唱任意的童谣，跟随音乐节奏在宝宝的手指内侧进行反复摩擦。每两根手指之间摩擦5 ~ 6次。
3. 也可以在宝宝的脚趾内侧用棉签进行反复摩擦。
4. 若宝宝触觉比较敏感，非常排斥摩擦脚趾或者手指，家长可以从宝宝的手心、手背等不是特别敏感的皮肤开始，给宝宝足够的适应时间。

❗ 注意事项

1. 随着音乐节奏的变快或者变慢，摩擦的节奏也要变快或变慢，这能加强宝宝对节奏的感知。
2. 将宝宝的每两根手指和脚趾内侧都摩擦到，这会大大提高宝宝的触觉感知能力。
3. 不要用手指代替棉签进行游戏，不要用力掰开宝宝的手指或者脚趾，以免伤到宝宝。

扫一扫
看视频

74

打哈哈

✅ 提高语言能力　　✅ 提高基础认知能力

　　宝宝对这个世界充满了好奇，一切新鲜的事物都能令宝宝觉得欣喜。我们可以利用这一点来激发宝宝发声的愿望。可以在宝宝身上吹冷气或哈热气，还可以靠近宝宝的小手，一边哈气一边发出"啊"的声音，这能激发宝宝的好奇心，让他学习用嘴巴发声。

🔒 道具准备

不需要准备任何道具。

🧩 游戏步骤

1. 让宝宝仰卧在床上，家长用嘴巴在宝宝身上吹气，让宝宝感受到吹出来的凉凉的气。

2. 依然让宝宝仰卧在床上，家长用嘴巴在宝宝的身上哈气，让宝宝感受到吹出来的热热的气。

3. 家长可以边发出"啊"的音，边拉着宝宝的手在家长的嘴巴上打哈哈，宝宝会对这个动作产生十足的好奇心。当宝宝大一些能发出声音的时候，家长也可以用手在宝宝的嘴巴上打哈哈，这能提升宝宝发声的愿望。

❗ 注意事项

1. 家长可以在宝宝身体的某一部位先后进行吹气和哈气，让宝宝感受温度的变化。

2. 吹气时要避开宝宝的肚脐区域。

3. 如果宝宝对吹气非常敏感，可以适当减弱气息。

📎 如果宝宝喜欢这个游戏，你不妨让他再试试 119 页的游戏"风在哪儿"。

婴语练习

语言能力

● 提高口腔肌肉的控制能力　● 提高语言能力

　　这个时期的宝宝还不能说出一些有意义的字或词，但是他会发出一些可爱的声音去吸引周围人的关注，努力和周围人进行"交流"。作为家长的我们，即使听不懂宝宝声音的含义，也可以试着模仿宝宝的声音来回应他。这种交流看似毫无意义，但是可以鼓励宝宝用声音来交流，而不是放声哭泣。千万别错过这个时期的语言启蒙。

🔒 道具准备

不需要准备任何道具。

🍀 游戏步骤

1. 家长尽可能地模仿宝宝发出的"咿咿呀呀"的声音，提升宝宝对口腔的认知。家长模仿宝宝的声音越具体、越相像，宝宝越会觉得自己的口腔是如此神奇。

2. 家长用嘴巴发出一些节奏响亮的声音，引导宝宝模仿这些声音，从而促进宝宝语言能力的发展。例如，飞吻的"啵"声和弹舌的声音。

丝巾飘飘

✅ 提高追视能力

　　宝宝并不需要多么昂贵的玩具，一块小小的丝巾就可以让宝宝开怀大笑。在新生儿出生两个月后，视觉能力不断提高、视野范围慢慢地扩大，这个时候特别适合用丝巾和宝宝一起做视觉训练的小游戏。游戏过程中的欢声笑语，也会带给宝宝坚实的力量。

🔒 **道具准备**

1 条丝巾。

✿ **游戏步骤**

1. 让宝宝仰卧在床上，拿丝巾在宝宝眼睛前方 20 厘米左右的地方左右前后摇晃，吸引宝宝追视。

2. 家长可以用丝巾挡住自己的脸，再露出，同时呼唤宝宝小名或哼唱一些欢快的童谣，吸引宝宝的注意力；还可以搭配节奏感强的歌曲做这个游戏。

❗ **注意事项**

宝宝在 3 月龄以后，视觉范围才会有大幅度的扩展。注意，玩追视游戏时，目标不要离宝宝眼睛太远。

✈ 如果宝宝喜欢这个游戏，你不妨让他再试试 104 页的游戏"追踪铃铛"。

丝巾遮住了我的小脸 2 月龄及以上 适应能力

○ 提高头部灵活运动能力 　○ 增强物体恒存意识

　　宝宝在 2 月龄以后，就可以转头了，这时候宝宝的视线范围也会变大。家长可以通过用丝巾遮住宝宝一半的小脸，来引导他进行转头训练，锻炼宝宝的颈部肌肉，让他可以更加灵活地控制自己的身体。

丁香妈妈　　　　　　　　　玩法演示

🔒 道具准备

1 条丝巾。

♣ 游戏步骤

1. 让宝宝仰卧在床上，用丝巾遮住宝宝左半边脸，尤其要遮住左眼。让宝宝因不舒服而摇动头部，摆脱丝巾。

2. 观察宝宝有什么反应，如果宝宝没有什么反应，可以把丝巾扯掉，再遮住宝宝的眼睛，反复几次宝宝就能意识到自己的脸上遮住了某样东西。等宝宝适应以后，家长就可以同时遮住宝宝的两只眼睛，再把丝巾扯掉，重复几次。反复训练之后，很多宝宝就会建立这样的意识：我需要左右扭动头部，才能把丝巾抖掉。

✈ 如果宝宝喜欢这个游戏，你不妨让他再试试 118 页的游戏"丝巾不见了"。

扫一扫
看视频

这是我呀

● 提高社会行为能力　　● 加强自我认知

照镜子是宝宝自我认识的过程。这个阶段的宝宝意识不到镜子里的宝宝就是自己，不过家长仍然可以用手指着镜子里的宝宝，喊宝宝的名字，这有助于宝宝社交能力的发展，视觉聚焦能力的提升。未来，宝宝终究会明白，镜子里的宝宝就是他自己。

玩法演示

🔒 道具准备

1 面镜子。

✿ 游戏步骤

1. 让宝宝仰卧在爬行垫或床上，在他的旁边立 1 面镜子，家长可以在镜子旁喊宝宝的名字，吸引宝宝的注意力，让宝宝观察镜子里的人，并且指着镜子里的人告诉宝宝："这就是宝宝。"
2. 家长边念童谣，边对着镜子轻轻摇动宝宝的小手，边让宝宝观察镜子中的人。

● 注意事项

1. 镜子需要摆放在距离宝宝 20cm 左右的位置上。
2. 如果镜子是可移动的，要确认镜子的稳定性。
3. 如果宝宝不能将头转向镜子，家长也可以在镜子前吸引宝宝的注意力，或者调整宝宝面向的方向。

➤ 如果宝宝喜欢这个游戏，你不妨让他再试试 214 页的游戏"镜子镜子告诉我"。

揉面团

✅ 提高社会行为能力　　✅ 促进触觉发展

　　对于宝宝来说，最早认识的玩具就是自己的身体了。触觉游戏会给宝宝的身体带来不同的感受，更重要的是，能让宝宝逐渐建立起"身体是我的""我可以控制身体"的意识，这能提高宝宝的自我认知能力。在游戏中和家长的互动，也能很好地提高宝宝的社交能力。

玩法演示

🎒 道具准备

不需要准备任何道具。

♣ 游戏步骤

1. 让宝宝仰卧在床上，家长位于宝宝的侧面，从宝宝的脚腕处开始，向上做揉、拍、捶的动作。
2. 让宝宝俯卧在床上，家长位于宝宝的侧面，从宝宝的脚腕处开始，向上做揉、拍、捶的动作。

❗ 注意事项

1. 注意力度，要控制在宝宝能接受的范围内。
2. 密切关注宝宝的状态，要让宝宝感觉快乐且舒适。
3. 宝宝的俯卧时间不宜过长，要及时观察宝宝的情绪。
4. 由于宝宝月龄太小，可能无法在俯卧状态下充分完成整个游戏，这个时候家长要根据宝宝的状态，慢慢增加俯卧的时间，渐渐地，宝宝就能完成整个游戏了。

📨 如果宝宝喜欢这个游戏，你不妨让他再试试 88 页的游戏"可爱的小鹿"。

扫一扫
看视频

3

月龄及以上

宝宝俯卧撑

☑ 提高对上半身的控制能力

　　宝宝已经学会了抬头，家长应该进一步促进他肩部、背部、颈部的肌肉发育。可以让宝宝双臂撑地，把头抬起，这样他会获得一个和仰卧完全不同的视角，接受到更多的视觉信息，这能促进宝宝大脑的发育。与此同时，这个动作还能帮助宝宝更好地进行追视与追听，让他更好地探索这个世界。

🔒 道具准备

1 条婴儿毯（厚一些）。

♣ 游戏步骤

1. 把婴儿毯折起来，让它能够支撑起宝宝的身体。

2. 让宝宝俯卧在婴儿毯上，这时候宝宝会努力支撑起上半身，宝宝的视野范围也得到了扩大。

3. 3 月龄的宝宝每次可以趴 5 分钟左右，4 月龄的宝宝每次可以趴 10 分钟左右。如果在过程中宝宝累了，可以及时调整宝宝的姿势，让宝宝休息一会儿。

📨 如果宝宝喜欢这个游戏，你不妨让他再试试 99 页的游戏"俯卧撑升级版"。

扫一扫
看视频

飞机抱

● 锻炼平衡感　● 增强头颈部力量

　　日常抱宝宝的时候，很多家长会发现不管怎么抱，宝宝都觉得不舒服，会哼哼唧唧的。不妨试试"飞机抱"吧！这个姿势能起到很好的安抚作用。一是因为"飞机抱"时会有轻柔舒服的风吹在宝宝的脸上；二是因为这种姿势会让宝宝的腹部感受到压力和暖意。随着游戏的进行，宝宝还会努力想要抬起头颈和肩膀，看看周围的环境，这也有助于头颈部力量、上肢力量和身体平衡感的提升。

玩法演示

🔒 道具准备

不需要准备任何道具。

♣ 游戏步骤

1. 让宝宝俯卧在家长的手臂上，双手和双腿缠住家长的手。
2. 宝宝俯卧的同时，家长用手托住宝宝的腹部和颈部，另一只手放在宝宝背部。
3. 带宝宝在房间里穿梭，让宝宝感觉像坐飞机一样。

❗ 注意事项

这个游戏更推荐爸爸和宝宝玩，因为爸爸的手大、力气也更大，能够托住宝宝，带给宝宝安全感。

✈ 如果宝宝喜欢这个游戏，你不妨让他再试试 151 页的游戏"亲子共舞"。

扫一扫
看视频

自主抓握小游戏

精细动作

◎ 锻炼手部动作　　◎ 提高自主抓握能力

　　宝宝一出生就有抓握反射，用玩具触碰他的手心，他就会抓住玩具，不过他很少出现自主抓握的行为。这个小游戏就可以帮助宝宝练习自主抓握，这也是宝宝与周围环境互动的过程。

玩法演示

🔒 道具准备

1 个手摇铃。也可以用口咬胶来代替。

♣ 游戏步骤

1. 让宝宝仰卧在小床或垫子上，把手摇铃或口咬胶放在距宝宝眼睛上方 25 厘米左右处晃动。
2. 引导宝宝主动伸手抓住玩具，当宝宝抓住玩具时，要大声称赞宝宝，例如说："宝贝你真棒！真是一个能干的小宝贝！"这个时候宝宝就会感觉到自主抓握是一个值得称赞的行为了。
3. 你甚至可以帮助宝宝把口咬胶送到他的嘴巴里。
4. 几次训练之后宝宝就会有意识地抓住物品，并且送到自己嘴里了。

❗ 注意事项

一定要保证玩具是清洁干净的。

➤ 如果宝宝喜欢这个游戏，你不妨让他再试试 130 页的游戏"手的适用性"。

小小豆芽

精细动作

✓ 锻炼手部灵活性

　　宝宝刚出生的时候，两只小拳头总是攥在一起。3 月龄后，宝宝的原始反射渐渐消失，小手不再是紧紧攥在一起，而是会慢慢张开，慢慢闭拢。他也会开始尝试把双手凑到一起把玩自己的手，尽管一开始他的双手还握不住，但是只要多加练习，就能显著提升宝宝的手部灵活性。

玩法演示

🔒 **道具准备**

不需要准备任何道具。

扫一扫
看视频

♣ **游戏步骤**

1. 让宝宝躺在床上，家长配合童谣在宝宝的面前做动作。
2. 家长可以握住宝宝的双手，配合童谣带宝宝做动作。
3. 注意念童谣的速度要慢。

　　童谣：

　　"小豆芽，钻泥巴"（轻轻握住宝宝的两只小手靠在一起），

　　"钻一下，动一下"（握住宝宝的两只小手，做向上钻的动作），

　　"钻出两片小芽芽"（握住宝宝的小手，做开花发芽的动作）。

⚠ **注意事项**

这个阶段宝宝的小手还是握拳没办法完全伸开的状态，是无法完成拍手动作的。千万不要强行将宝宝的小手掰开，以免让宝宝受伤。能带动宝宝的手臂做类似的动作就好了。

✈ 如果宝宝喜欢这个游戏，你不妨让他再试试 92 页的游戏"鳄鱼鳄鱼张大嘴"。

乘风破浪

✔ 促进本体觉发育　✔ 提高语言能力

这个游戏可以促进宝宝本体觉的发育。本体觉又被称为深感觉，例如，人在闭上眼睛的时候也能知道自己身体的位置及动作。对于宝宝来说，刺激本体觉可以帮助他更好地控制身体、协调运动。游戏过程中海浪声的变化也可以引发宝宝对声音的好奇，促进宝宝的听觉感知能力，进而促进语言能力。

🔒 道具准备

3 段音频，分别是平静的海浪声、剧烈的海浪声和风声（家长自己用呼呼声模仿也是可以的）。

🧩 游戏步骤

1. 让宝宝俯卧在地垫上，家长一只手穿过宝宝的胸前，从胳肢窝握住宝宝的胳膊，另一只手从宝宝身下穿过，握住宝宝外侧的大腿根部，然后抱起宝宝，伴随着平静的海浪声前后晃动宝宝。
2. 保持之前的姿势，伴随着风声抱着宝宝原地转圈，伴随着剧烈的海浪声抱着宝宝上下起伏。

❗ 注意事项

1. 游戏要在宝宝饭后至少 1 小时进行。
2. 密切关注宝宝的状态，保证他舒适愉悦的体验。
3. 注意动作的转换要慢慢调整，如果宝宝害怕，家长可以放慢动作的节奏，晃动和起伏的幅度也要根据宝宝的实际状态慢慢调整。

可爱的小鹿

✅ 提高宝宝的语言能力　　✅ 刺激宝宝的触觉发育　　✅ 增进亲子关系

　　这个阶段的宝宝还不能说出自己身体部位的名称，你能做的就是耐心等待，坚持和宝宝做这个游戏。在这个游戏中，你的触摸可以带给宝宝丰富的触觉刺激，让他逐渐了解自己的身体部位，知道某个身体部位应该如何活动。配合童谣还能让宝宝感受到语言的美妙的韵律。

🔒 道具准备

不需要准备任何道具。

扫一扫
看视频

🌸 游戏步骤

1. 让宝宝仰卧在床上，这时候一边念童谣、一边做动作，抚摸、轻点宝宝的身体。

   童谣：

   "小鹿小鹿"（双手轻轻抓住宝宝腋下的位置，轻轻摇晃宝宝的身体），

   "毛衣毛裤"（双手从宝宝的前胸向下抚摸至宝宝脚踝处），

   "身上开花"（轻点宝宝身体正面的各个部位），

   "头上长树"（轻轻将宝宝的双手举过头顶）。

2. 让宝宝俯卧在床上，继续边念童谣边做动作。

童谣：

"小鹿小鹿"（双手轻轻抓住宝宝腋下的位置，轻轻摇晃宝宝的身体），

"毛衣毛裤"（双手从宝宝的后背向下抚摸至脚踝处），

"身上开花"（轻点宝宝身体背面的各个部位），

"头上长树"（轻轻将宝宝的双手举高一点）。

❗ 注意事项

1. 在翻动宝宝的时候不要着急，速度要慢一些，在用食指轻点宝宝的时候要提前剪好指甲，不要划到宝宝。

2. 有些宝宝对触觉过于敏感，这个时候可以尝试从宝宝不那么敏感的部位做起。

如果宝宝喜欢这个游戏，你不妨让他再试试 93 页的游戏 "认识我的身体"。

认识我的小手

3 月龄及以上 **适应能力**

⊘ 帮助认知身体　⊘ 建立手脑联系

　　认识身体从认识小手开始。宝宝在 2 月龄后，会逐渐有自主使用小手的意识。在这之前，家长要帮助宝宝更好地认识自己的小手，建立起手与脑的联系。

🔒 **道具准备**

2 个小铃铛、2 根绳子。

✿ **游戏步骤**

1. 让宝宝仰卧在小床上或者垫子上。
2. 在宝宝双手的手腕上各系 1 个铃铛。
3. 先后摇动系着铃铛的双手。
4. 让宝宝双手互相抚摸，玩一玩手指，增强对左右手的认知。

❗ **注意事项**

1. 不要选择太重的铃铛，铃铛的表面也一定要光滑。
2. 家长在晃动宝宝的小手时，动作要轻柔，慢慢让宝宝适应铃铛的响声。

手脚心按摩

✅ 帮助认知手脚 ✅ 促进手心、脚心的触觉发育 ✅ 建立手脚与脑之间的联系

手心和脚心是宝宝触觉发育的敏感部位。在认识世界的过程中，宝宝很大程度上是依靠触觉来获取信息和促进大脑发育的，触觉在整个婴幼儿期发挥着重要作用。这个游戏不仅能促进宝宝大脑的发育，还可以让宝宝心情愉悦。对宝宝来说平静且温柔的按摩，是一种非常大的慰藉，可以让他感到舒适放松。这样的身体接触也是家长与宝宝的一种交流，在过程中不要忘记温柔地注视着他，让他感受到你的爱意。

🔒 道具准备

1 张垫子（或在床上进行）。

🧩 游戏步骤

1. 让宝宝仰卧在垫子或床上。
2. 家长可以拉起宝宝双手，一边捏手指，一边数"1、2、3、4、5"，再拉一拉宝宝的手指。
3. 家长用自己的手心和宝宝的手心相对，然后转一转。
4. 家长也可以握拳，将拳头放在宝宝的手心转一转。
5. 用同样的方法给宝宝进行脚心按摩。

扫一扫
看视频

鳄鱼鳄鱼张大嘴

社会行为

● 建立自我意识　● 提高瞬间反应能力　● 增强亲子间的亲密关系

　　和家长互动，是宝宝最初的社交活动。宝宝能对于他人的行为做出反应，是宝宝大脑发育的重要标志，所以不要忽视小小游戏的作用。拉起宝宝的小手，一起开始亲密的互动游戏吧！宝宝也会用爽朗的笑声回应你的。

🧳 道具准备

1 张垫子（或在床上进行）。

♣ 游戏步骤

让宝宝躺在垫子或床上，家长一边念童谣，一边做动作。

　　童谣：

　　"鳄鱼鳄鱼张大嘴"（张开双手，示范给宝宝看），

　　"小手小手被吃掉"（握住宝宝双手）。

　　"鳄鱼鳄鱼打哈欠"（家长松开握住宝宝的双手），

　　"小手小手快逃跑"（帮助宝宝迅速抽出他的双手）。

✈ 如果宝宝喜欢这个游戏，你不妨让他再试试 86 页的游戏 "小小豆芽"。

认识我的身体

● 增强对身体器官的认识 ● 建立身体和大脑的联系

在探索世界之前，宝宝需要先认识自己的身体。宝宝对自己身体有认识，不仅能够很好地建立身体和大脑的联系，而且能帮助宝宝更好地建立自我意识，让他意识到"这就是我的身体"。家长可以轻柔地用手触摸宝宝的鼻子、嘴巴、头发等部位，刺激他的触觉感知，同时面带微笑地说出这些部位的名称，让宝宝自己建立联系。宝宝的变化总是在那不经意的一瞬间，只要你有耐心地一遍遍重复，不断进行强化，总有一天你会收获意外的小惊喜。

🔒 道具准备

1 张垫子（或在床上进行）。

♣ 游戏步骤

1. 让宝宝仰卧在 1 张垫子或床上。家长俯身和宝宝对视，并抓住宝宝双手，引导宝宝摸一摸自己的身体，让宝宝感受到身体器官的不同。

2. 同时家长要告诉宝宝身体名称，例如，"宝宝，这是你的小鼻子。"

3. 接着让宝宝摸摸家长的鼻子、脸颊。在反复做这个游戏之后，宝宝能感受到家长摸自己的身体和自己摸自己身体的不同。

📣 如果宝宝喜欢这个游戏，你不妨让他再试试 134 页的游戏"恐龙来了"。

扫一扫
看视频

4

月龄及以上

宝宝摇啊摇

✔ 增强对全身肌肉的控制

摇晃运动有利于培养宝宝的平衡感，促进本体觉的发育。家里的瑜伽球是带宝宝做感统游戏的绝佳工具。在轻轻摇晃的瑜伽球上，宝宝会想要抬起头，同时保持平衡，这有助于锻炼宝宝的上肢力量，提升平衡能力。

🔒 道具准备

1 个瑜伽球。

♟ 游戏步骤

1. 让宝宝俯卧在瑜伽球上，家长一只手托住宝宝屁股，另一只手护住宝宝的背部和颈部。

2. 左右前后轻轻晃动瑜伽球，观察宝宝的反应。如果宝宝很开心，可以适当增加摇晃的幅度。

3. 边做动作边哼唱几句童谣效果会更好，在音乐中宝宝的平衡感会得到更有效的提升。

4. 在这个游戏中，宝宝会非常努力地抬起头控制他的肌肉，保持身体的平衡。

✈ 如果宝宝喜欢这个游戏，你不妨让他再试试 98 页的游戏"翻来滚去"。

扫一扫
看视频

翻来滚去

✓ 锻炼平衡感   ✓ 提高肌肉控制能力

对宝宝来说，翻身是具有里程碑意义的一种大运动。通常宝宝在 5 月龄的时候才能有足够的肌肉力量和协调能力支持他成功翻身。在成功翻身前，宝宝通常会进行数周的练习。这个游戏可以帮助宝宝提前熟悉翻身动作，锻炼宝宝身体两侧的协调能力，以及对身体的控制能力。

🔒 道具准备

1 条足够大、能让宝宝躺卧下的婴儿毯。

🧩 游戏步骤

1. 让宝宝仰卧或俯卧在婴儿毯上，最好在床上做这个游戏。
2. 向上提起毯子的一边，让宝宝顺着毯子翻滚。注意动作要轻缓。
3. 再提起另外两个角，让宝宝再翻滚回来。宝宝会非常喜欢在毯子里滚来滚去的感觉。
4. 也可以爸爸妈妈一起和宝宝玩，轮流提起毯子，让宝宝来回翻滚。
5. 因为提起毯子就能让宝宝自如翻身，因此不必担心宝宝会压到胳膊。

✈ 如果宝宝喜欢这个游戏，你不妨让他再试试 72 页的游戏"吊床之旅"。

俯卧撑升级版

● 提升上肢力量

较强的上肢力量能帮助宝宝更早地独立坐和爬行。这个游戏不仅能很好地锻炼宝宝的上肢力量，还能让宝宝的肠胃更加舒适。发声移动的小玩具，也会吸引宝宝努力抬头，锻炼宝宝肩颈部肌肉的同时，提高宝宝的视觉追踪能力。

🔒 道具准备

1 个发声小玩具、1 张垫子。

🧩 游戏步骤

1. 让宝宝俯卧在小床或是垫子上，双臂屈曲放在胸下，撑起自己的身体。如果宝宝两臂伸平，趴在床上，不必勉强宝宝。
2. 在宝宝的头部上方、左前方、右前方分别摇响玩具，吸引宝宝追视。

❗ 注意事项

1. 练习的时间不要太长，每个方向 3 ～ 5 秒，适当让宝宝休息。
2. 密切关注宝宝的状态，如果宝宝表现出疲惫或者厌倦，要注意及时停止游戏。

✈ 如果宝宝喜欢这个游戏，你不妨让他再试试 83 页的游戏"宝宝俯卧撑"。

小手捉迷藏

☑ 锻炼手部灵活性　☑ 提高空间感知能力

这个游戏可以建立宝宝使用小手的意识，提高精细动作的能力。家长引导宝宝做动作的时候念童谣，还能帮助宝宝把手部运动和声音信息联系起来。

玩法演示

🔒 道具准备

1 个手摇铃。

🧩 游戏步骤

1. 家长先一边念童谣，一边向宝宝做动作示范。
   童谣：
   "小手小手，摇一摇"（握着宝宝的小手摇晃手摇铃），
   "摇到上面，举高高"（握着宝宝拿手摇铃的小手，然后把手举高）。
   "小手小手，摇一摇"（握着宝宝的小手摇晃手摇铃），
   "摇到后面，找不到"（握着宝宝的小手放到宝宝身后藏起来）。
2. 家长一边念童谣，一边引导宝宝做动作。

❗ 注意事项

1. 在进行动作示范的时候家长可以适当放慢念童谣和做动作的速度，并多多鼓励宝宝尝试。
2. 一开始玩这个游戏的时候，大部分宝宝都不能跟着童谣做动作，家长可以轻轻握住宝宝的手腕，带着宝宝一起做动作。

📍 如果宝宝喜欢这个游戏，你不妨让他再试试 168 页的游戏"抓住小白兔"。

扫一扫
看视频

开开又关关

● 提高对物品的认知能力　● 提高语言能力

4 ～ 5 月龄的宝宝已经逐渐开始把注意力从自身转移到周围的世界了，是时候带他认识认识家里的物品了！我们可以从最简单的"开开又关关"小游戏开始。房间一亮一暗的强烈反差，会让宝宝感到非常神奇。你也可以在开关灯的时候向宝宝介绍这是什么物品，你在做什么，帮助宝宝语言能力的发展。

玩法演示

🔒 道具准备

1 盏台灯。

♣ 游戏步骤

1. 抱着宝宝走到台灯前，让宝宝认识台灯。
2. 一边向宝宝介绍，一边打开开关，让台灯变亮，再关掉开关。在灯光明暗变化之间，宝宝逐渐会明白，家长口中的"台灯"是这样的物品。

🎲 拓展玩法

1. 让宝宝认识其他灯。
2. 再逐渐让宝宝认识家中其他物品，如窗帘、水龙头等。开启宝宝探索世界之路。

高低音

4 月龄及以上 语言能力

☑ 促进语言发展　☑ 提高听觉能力

声音本身就可以引起宝宝的兴趣。这个月龄的宝宝已经进入了音乐敏感期，家长可以通过念童谣、讲故事等方式，让宝宝多多接触声音。高低音能够带给宝宝更加丰富的声音变化，刺激他的听觉感知，促进宝宝发声的愿望。游戏时，家长充满爱意的声音和目光，对宝宝来说也是一种情感熏陶。

玩法演示

🔒 **道具准备**

不需要准备任何道具。

✿ **游戏步骤**

1. 家长可以在给宝宝念童谣、唱歌的时候将这些内容用高音说唱一遍，然后再用低音重复一遍，观察宝宝的反应。

2. 当宝宝对高低音有了明显反应后，家长可以变换其他的声音，如轻柔的声音、欢快的声音等。

❗ **注意事项**

1. 在声音的选择上，尽量选择让宝宝愉悦的声音。

2. 在变换声音时要慢慢过渡，避免音量过大吓到宝宝；也可以根据宝宝的状态，调整音量的高低。

➤ 如果宝宝喜欢这个游戏，你不妨让他再试试 62 页的游戏"大大声、小小声"。

扫一扫
看视频

我的小鼻子

● 促进嗅觉发育 ● 增强对食物的兴趣，为今后添加辅食做准备

　　嗅觉是感觉统合中重要的感觉通路，这个阶段的宝宝已经可以分辨不同的气味了，是时候开始神奇好玩的气味之旅了。不要觉得只能给宝宝闻香的东西，酸酸的柠檬味、臭臭的榴莲味、甜甜的草莓味、苦苦的咖啡味……生活中各种食材的味道都可以让宝宝用小鼻子嗅一嗅，让他感受一下这个世界的美妙。

🔒 道具准备

不同味道的食物。

🧩 游戏步骤

1. 引导宝宝用鼻子闻一闻不同味道的食物，辨别不同的气味。

2. 注意这时千万不能让宝宝闻太过刺激的气味，因为这个阶段宝宝的嗅觉系统还没发育好。

3. 辨别不同的气味不仅能够促进宝宝的嗅觉发育，还能为今后添加辅食打下基础，提高宝宝对食物的兴趣。

追踪铃铛

☑ 提高视觉追踪能力　☑ 提高听觉能力　☑ 促进颈部肌肉发育

　　宝宝在 3 月龄后，视觉范围进一步扩大，已经可以看到 25 厘米以外的物体了。这时你就可以陪宝宝玩视觉追踪类的游戏，可以利用色彩鲜艳的发声玩具来吸引他的注意力，发声的同时可以在宝宝的可视范围内缓慢地移动玩具，引导宝宝的目光一直注视物体。这个游戏可以提高宝宝的听觉和视觉能力，追听和追视能力在一定程度上也决定着宝宝未来的专注力。

🔒 道具准备

1 个铃铛、1 个盘子。也可以用其他发声小玩具来代替铃铛。

✹ 游戏步骤

1. 让宝宝仰卧或靠坐在床上，把铃铛放在盘子里。
2. 在宝宝眼睛前方 25 厘米处摇晃盘子，用铃铛的声音吸引宝宝追视。

◤ 如果宝宝喜欢这个游戏，你不妨让他再试试 67 页的游戏"旋转的雨伞"。

请你像我这样做

● 锻炼口腔肌肉　● 提高语言能力

　　宝宝 4 月龄的时候，家长会发现他开始具备一定的模仿能力了。不要小瞧宝宝的模仿能力，你的一举一动都被他看在眼里。你可以趁着这个机会，带着宝宝做一些简单的模仿小游戏，譬如吐舌头。这可以锻炼宝宝的口部肌肉，提升宝宝的语言能力。

🔒 道具准备

1 张垫子（或在床上进行）。

♣ 游戏步骤

1. 让宝宝躺在 1 张垫子或小床上，和宝宝对视，保持微笑。
2. 对宝宝吐出舌头，几次重复之后，宝宝就会模仿家长也吐出舌头。
3. 还可以把舌头伸向上下左右 4 个方向，引导宝宝模仿。
4. 家长还可以发出一些声音，这都会让宝宝觉得很有趣。

✈ 如果宝宝喜欢这个游戏，你不妨让他再试试 150 页的游戏"初识表情"。

毛毛虫变蝴蝶

社会行为

✔ 增强对身体的认知　　✔ 锻炼肩背部肌肉　　✔ 提高社交能力

　　宝宝非常喜欢你用身体包裹住他，喜欢听你的声音，喜欢被你轻轻摇晃。这个游戏会让宝宝产生愉悦的情绪和安全感，当你带动宝宝的手做伸展运动时，他还会用咯咯的笑声来回应你。

🔒 **道具准备**

不需要准备任何道具。

🧩 **游戏步骤**

1. 让宝宝背朝家长坐在家长的腿上。
2. 家长的身体向前倾，用胳膊和身体包住宝宝，告诉宝宝他现在是蛹，并向宝宝介绍什么是蛹。
3. 向上拉伸宝宝的胳膊，握住宝宝胳膊上下扇动，告诉宝宝他逐渐变成了蝴蝶。

✒ 如果宝宝喜欢这个游戏，你不妨让他再试试 68 页的游戏"磁铁游戏"。

106

5

月龄及以上

皮球推推推

◎ 增强手部力量　◎ 提高手眼协调能力　◎ 提高合作能力

5 月龄的宝宝，手部已经具备了一定的力量，家长可以带着他做更好玩的游戏了。小皮球是婴幼儿必不可少的玩具，移动的彩色皮球可以迅速吸引到宝宝的目光。如果可以让宝宝自己控制皮球的移动和停止，那对于宝宝来说，将是一件非常快乐的事情。这个小游戏不仅可以提高宝宝的上肢力量，还能提高宝宝的手眼协调能力。

🔒 道具准备

1 个触觉球。也可以用瑜伽球来代替触觉球。

✹ 游戏步骤

1. 让宝宝背朝家长，坐在的家长腿上，面向另外一位家庭成员。
2. 把小球放在宝宝的面前，让宝宝把小球向前推给另一个人。
3. 再让另外一位成员把小球推回来。
4. 反复玩这个游戏，宝宝可以感受到手部力量的变化。

❗ 注意事项

1. 由于宝宝正处于口欲期，容易拿到球往嘴巴里放，要提前把触觉球清洁干净。
2. 玩游戏的时候，家长要拉住宝宝双手反复示范推出，当宝宝成功推出球时，要大声表扬宝宝。

🔗 拓展玩法

当宝宝能熟练推动小球后，可以换更大的瑜伽球，让宝宝去推。

◢ 如果宝宝喜欢这个游戏，你不妨让他再试试 188 页的游戏"扔出去，弹回来"。

有劲儿的小手

✅ 增强上肢力量

　　宝宝小手的力量比你想象的要大很多，我们可以借助宝宝小手的力量来辅助他坐起来，甚至是站起来。这个游戏可以锻炼宝宝的上肢的力量，为以后学习爬行打下基础。当宝宝坐起来时，别忘了称赞他的努力，这可以建立宝宝的自信心。

🔒 道具准备

2 个小手环。也可以用宝宝能抓握的圆环状玩具来代替小手环。

♣ 游戏步骤

1. 让宝宝躺在垫子上或床上，双手分别拿 1 个小圆环。
2. 家长一只手同时抓住宝宝的 2 个手环，轻轻向上拉，让宝宝慢慢地抬起上半身，借力坐起来。
3. 另一只手在下面保护好宝宝，但不需要用力把宝宝向上托。
4. 当宝宝能站的时候，还可以试着让宝宝借力站起来。

❗ 注意事项

1. 圆环的粗细要适合宝宝的抓握和用力。
2. 如果宝宝一直把手环往嘴里放，也可以让宝宝握住家长的手。

📄 如果宝宝喜欢这个游戏，你不妨让他再试试221 页的游戏"我的胳膊真有劲儿"。

骨碌碌

✔ 提高大运动能力　✔ 提高身体灵活性

当宝宝掌握抬头和翻身的基本动作后，可以逐步给宝宝尝试更高级的翻身运动。在这个游戏中，家长需要借助手摇铃的声响，吸引宝宝的注意，引导宝宝自主翻身。这个游戏除了能提高宝宝的大运动能力外，还能提高宝宝追声的能力和身体的适用性。当看着宝宝靠自己的力量，跟随声响翻身时，你会像自己实现目标一样欣喜。

🔒 道具准备

1 个手摇铃。

♣ 游戏步骤

1. 当宝宝趴在床上或者爬行垫上时，家长在宝宝的身后轻轻晃动手摇铃发出声音，并呼唤宝宝的名字，吸引宝宝回头看。
2. 当宝宝回头转身，并抬起一只手时，家长将手摇铃移到高一点的地方，轻晃手摇铃发出声音，宝宝的身体会随之再次移动变成仰卧。

❗ 注意事项

1. 密切关注宝宝的状态，保证他有快乐舒适的体验。
2. 刚开始宝宝可能翻不过来，家长不要着急，在游戏过程中要给予宝宝足够的耐心。

✈ 如果宝宝喜欢这个游戏，你不妨让他再试试 58 页的游戏"翻身预热练习"。

扫一扫
看视频

瞄准！对击

精细动作

● 锻炼自主瞄准、对击动作 　● 提高手眼协调能力

　　这个小游戏可以很好地锻炼宝宝的手眼协调的能力，提高双手配合的能力。因敲击而产生的清脆响声，能给宝宝带来有趣的体验，让他笑个不停。

玩法演示

🔒 道具准备

2 把金属小勺子。

♣ 游戏步骤

1. 让宝宝躺在 1 张小床或垫子上，左右手各抓握 1 只勺子。
2. 引导宝宝把 2 只勺子碰在一起，发出响声。
3. 当宝宝成功让勺子碰出声音的时候，要大声表扬宝宝。
4. 几次训练之后，你就会发现宝宝能自主瞄准并做出对击的动作了。

⚠ 注意事项

1. 刚开始，家长可以握住宝宝的双手和宝宝一起敲击勺子，用清脆的响声吸引宝宝的注意。
2. 如果宝宝对勺子不感兴趣，可以换成积木或玩具进行对击。

✈ 如果宝宝喜欢这个游戏，你不妨让他再试试 306 页的游戏"鸡蛋大赛"。

逗逗飞

精细动作

✔ 提高大脑反应能力　　✔ 提高手眼协调能力

　　"逗逗飞"是一个深受宝宝欢迎的传统游戏。在游戏中，手指就是宝宝的玩具，可以很好地锻炼他对手部的控制能力。手指相互靠近又分离，也可以提高宝宝的手眼协调能力。

玩法演示

🔒 道具准备

不需要准备任何道具。

✹ 游戏步骤

1. 抱着宝宝，引导宝宝把左手和右手的食指对在一起，说"逗逗飞"。
2. 说"飞"的时候拉开食指，这时还可以向宝宝的耳朵吹一口气。
3. 在反复训练中，宝宝会逐渐提高反应能力，当你说"飞"的时候，他就会自己把手分开了。

❗ 注意事项

1. 如果宝宝一开始无法对准手指，家长可以握住宝宝的双手，辅助宝宝做动作。
2. 家长还可以伸出自己的食指，和宝宝一起玩"逗逗飞"游戏。

🎲 拓展玩法

将宝宝的五个手指都对在一起玩"逗逗飞"。

扫一扫
看视频

打电话

✓ 增强说话欲望　　✓ 提高语言能力

　　5 月龄的宝宝已经开始"咿咿呀呀"地说个不停了，是时候可以跟他一起玩打电话的游戏了。不要觉得宝宝听不懂，就敷衍了事，你要尽量大声一点，说出正确的发音，多重复几次，让宝宝熟悉打电话的形式，不用多久他就会"咿咿呀呀"地模仿着回应你了。这是一个很好的语言启蒙类游戏，能让宝宝有想要开口说话的愿望。

🔒 道具准备

2 个玩具电话。也可以用 2 个关机的手机代替玩具电话。

🧩 游戏步骤

1. 让宝宝坐在床头，家长坐在床尾。如果宝宝还坐不稳，可以在他身后放 1 个靠垫。
2. 家长和宝宝每人拿 1 个手机，家长先跟宝宝说话："喂，宝宝，你在做什么呢？"引导宝宝回应你。
3. 注意语速要尽量放慢，语气要尽量夸张，让宝宝明白你在跟他打电话。
4. 几次重复之后，宝宝就能开始回应你了。

你记得吗

语言能力

● 提高短期记忆力　● 增强对物体恒存的认知

物体恒存是指一个东西即便离开了我们的视线，但还是存在的。刚出生的宝宝并没有物体恒存意识，如果家长把宝宝的玩具藏起来，宝宝会以为这个东西消失了，不会主动去找玩具。在 5 ～ 6 月龄的时候，宝宝开始有物体恒存意识，能把没有完全藏好的物品找出来。继续发展，宝宝会真正理解事物发展的因果关系，能把完全藏起来的东西找出来。物体恒存是幼儿最早的抽象概念，也是孩子想象力及符号认知的基础。5 月龄的宝宝对周围的事物越来越感兴趣，他会开始观察周围存在的事物并形成短暂记忆。我们可以通过这个小游戏来训练宝宝的记忆能力，增强宝宝的物体恒存意识。你对各种物品的描述也能丰富宝宝的词汇，促进他语言能力的发展。

🔒 道具准备

1 个宝宝喜欢的玩具，如玩具小熊、手摇球、手摇铃等。

玩法演示

🧩 游戏步骤

1. 让宝宝坐在家长怀里，把 1 个玩具不经意地放在宝宝面前，观察宝宝是否被玩具吸引。

扫一扫
看视频

2. 和宝宝一起转过身，背对玩具，问宝宝玩具在哪儿。

3. 如果宝宝转头看玩具，要大声表扬宝宝。如果宝宝没有转头看，可以把玩具再拿到宝宝面前，引导宝宝寻找玩具。

✈ 如果宝宝喜欢这个游戏，你不妨让他再试试 129 页的游戏"毛巾金字塔"。

干的湿的

✔ 提升对"干和湿"的触觉感知　✔ 提高适应能力

　　触觉发育能帮助宝宝更好地认识事物，我们可以引导宝宝多感受物体状态的不同，带他感受"干"和"湿"的区别。当然也可以让宝宝体验什么是"软的"，什么是"硬的"，什么是"光滑的"，什么是"粗糙的"。感受不同的材质，不同的触感，对于大人来说是很平常的，但对于小宝宝来说，是新鲜有趣的，是他们探索世界的小小一步。

🔒 道具准备

洗澡水、1 条婴儿毛巾。

扫一扫
看视频

🧩 游戏步骤

1. 带宝宝洗澡时，家长用干干的婴儿毛巾擦拭宝宝的面部、背部、胸部，并用童谣介绍"干干的"。

　童谣1：

　"干干的毛巾真厉害，能擦脸，能擦手，还能擦擦小屁屁。"

2. 家长将毛巾浸湿，然后擦拭宝宝的面部、背部、胸部，并用童谣介绍"湿湿的"。

　童谣2：

　"湿湿的毛巾真有趣，可以热，可以凉，可以转出小水滴。"

⚠️ 注意事项

1. 宝宝的洗澡水最适宜的温度在 38 ~ 40℃之间，温度不要太高或者太低。

2. 毛巾要选择质地柔软的婴儿毛巾。

3. 用湿毛巾擦拭宝宝时要注意避开眼睛、耳朵等敏感部位，让宝宝慢慢适应。

4. 家长也可以先进行活动的第二步，在宝宝洗澡前先用湿毛巾擦拭宝宝，然后再用干毛巾擦拭，让宝宝感受干湿的变化。

✈ 如果宝宝喜欢这个游戏，你不妨让他再试试 198 页的游戏"我爱洗澡"。

扫码阅读更多孕育知识

丝巾不见了

● 提高适应能力　● 提高观察能力　● 促进对物体恒存的认知

　　丝巾是非常好的早教道具。丝巾鲜艳的颜色能带给宝宝视觉刺激，丝巾全部塞入拳头再慢慢拉出来的过程，也可以促进宝宝对物体恒存的认识。当宝宝看你做了几次游戏后，他可能还会自己伸小手把丝巾拉出来。

道具准备

1 条丝巾。

游戏步骤

1. 家长用丝巾挡住自己的脸或者宝宝的脸，和宝宝玩藏猫猫的游戏。
2. 将手握成空心拳头，将丝巾一点一点地塞进去。
3. 捏住丝巾的一角，将丝巾从空心拳头的另一侧拉出来。
4. 引导宝宝自己拉着丝巾的一角，将丝巾拉出来。

❗ 注意事项

1. 在藏丝巾时候，要让宝宝看到塞丝巾的过程，熟练之后，可以让宝宝自己尝试将家长手心里的丝巾拉出来。
2. 游戏过程中，宝宝可能会哭，家长可以缩短挡住宝宝脸的时间，让宝宝逐渐适应。

如果宝宝喜欢这个游戏，你不妨让他再试试 128 页的游戏"神奇的丝巾"。

扫一扫
看视频

风在哪儿

适应能力

- ✔ 提高对身体的感知能力
- ✔ 提高对温度的感知能力

你发现了吗？宝宝有的时候会紧紧抓着自己的头发或者耳朵不放手，疼得哇哇直哭也不放手。这是因为宝宝还不懂得这些身体器官是属于自己的。如果你的宝宝出现过这样的情况，可以通过这个游戏来帮助宝宝加深对自己身体的了解，更好地帮助宝宝建立自我意识。轻轻柔柔的风，也会让宝宝觉得非常舒服。

🔒 道具准备

不需要准备任何道具。

✿ 游戏步骤

1. 让宝宝躺在床上，在宝宝上方十几厘米的位置向宝宝身体吹气。
2. 从脚心开始，一边吹，一边告诉宝宝身体部位的名称，让宝宝感知。

🎲 拓展玩法

1. 缩短距离，在宝宝上方 3 ~ 4 厘米处向宝宝身体吹气。
2. 让宝宝身体感知到不同温度的风，促进触觉发育。

顶鼻子

✔ 增强对自己和他人五官的认识　　✔ 增强亲子关系

　　宝宝非常享受和家长之间的亲密接触，这不仅能给宝宝带来身心的愉悦，让宝宝获得到安全感，还能刺激宝宝的大脑发育。

🔒 道具准备

1 张垫子（或在床上进行）。

🧩 游戏步骤

1. 让宝宝仰卧在垫子或床上。
2. 家长俯身和宝宝对视，并用鼻子蹭蹭宝宝的鼻子。
3. 家长再依次用自己的眼睛、脸颊、额头分别蹭宝宝的眼睛、脸颊、额头。

如果宝宝喜欢这个游戏，你不妨让他再试试 246 页的游戏"湖边漫步"。

第一个好朋友

✔ 提高社会行为能力　✔ 提高追视能力和观察能力

　　手指玩偶非常适合用来锻炼宝宝的社交能力，它也是宝宝人生中第一个好朋友。在游戏中，家长可以借助手指玩偶和宝宝对话，让他接触到一些初级的社交语言，例如，"你好""再见"，等等。如果没有手指玩偶，也可以用彩笔在家长的指腹上画出小娃娃脸，和宝宝一起玩。

丁香妈妈　玩法演示

🔒 **道具准备**

1 个手指玩偶。

♣ **游戏步骤**

1. 让宝宝平躺在床上或者爬行垫上，家长用手指玩偶在距离宝宝面前 20 厘米处的位置吸引他的注意力，可以同时摸一摸宝宝的脸和小肚子。
2. 家长需要慢慢移动手指玩偶的位置，当宝宝的目光随着手指玩偶的位置移动时，家长可以变换移动的方向，轻轻叫宝宝的名字，并说"你好""再见"等简单词汇。

❗ **注意事项**

1. 移动手指玩偶的时候，不要移动得太远或者太快。
2. 如果宝宝在游戏中没有追视，家长可以用语言引导宝宝；或者家长可以先在宝宝面前移动自己的脸，以此锻炼宝宝的追视能力。

📎 如果宝宝喜欢这个游戏，你不妨让他再试试 178 页的游戏"欢迎你，再见啦"。

扫一扫
看视频

6

月龄及以上

蹦蹦又跳跳

✔ 增强下肢力量

　　宝宝的下肢力量一般是在 6 月龄之后开始突飞猛进发育的。只有四肢力量都足够有力，并且配合协调，宝宝才能实现爬—站—走的跨越。我们可以通过这个游戏来帮助宝宝增强下肢的力量。对于从来没有体验过跳跃的宝宝来说，这将是非常有趣的一次冒险。在带着宝宝蹦蹦跳跳的时候，你会听到宝宝一串串银铃般的笑声。

🔒 道具准备

不需要准备任何道具。

🧩 游戏步骤

1. 让宝宝坐在家长的双腿上，面向或者背向家长都是可以的。
2. 用双手托住宝宝腋下，在宝宝背后双手交叉，护住宝宝背部和颈部，然后向上托举宝宝。
3. 让宝宝借助向上托举的力，双腿弹跳起来。

❗ 注意事项

时刻观察宝宝的表情，如果宝宝厌倦了或者累了，适当休息，这个游戏进行半分钟就可以了。如果宝宝喜欢，可以稍微加快节奏。

扫一扫
看视频

我要努力爬爬爬

● 提高爬行的能力　● 提高全身协调性

　　从 6 月龄开始，家长就要开始带着宝宝进行爬行训练了，匍匐前进是宝宝爬行的第一个阶段，宝宝需要协调全身的力量，腹部挨着地向前爬。在 3 ～ 8 月龄开始匍匐前进都是正常的。只要宝宝出现用胳膊蹭着地板向前的动作，训练就可以开始啦！

扫一扫
看视频

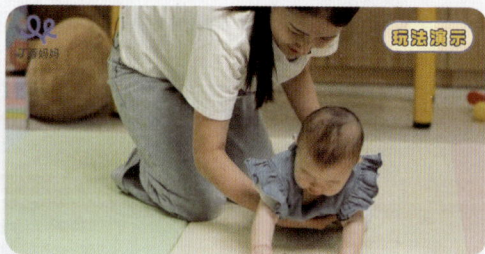

玩法演示

🛍 道具准备

1 个发声小玩具。

🎲 游戏步骤

1. 让宝宝俯卧在垫子或地板上，家长用单手在宝宝的正前方摇响玩具。
2. 家长用另一只手或者毛巾给宝宝的脚一个向前的力，向前轻轻推动宝宝的双脚，自然带动宝宝双手向前移动，帮助宝宝向前爬。
3. 如果宝宝不会向前爬，只会向后爬或转圈爬，这是没有关系的。只要宝宝在爬行，就能促进大脑发育。

ⓘ 注意事项

1. 如果宝宝上下肢无法配合爬行，可以让另一个人在宝宝前方用玩具先引导宝宝伸直手臂去够玩具，这时再推动宝宝双脚，帮助宝宝向前爬。
2. 如果宝宝无法向前伸直手臂，需要返回之前锻炼上肢的游戏，增强宝宝上肢力量。

◢ 如果宝宝喜欢这个游戏，你不妨让他再试试 141 页的游戏 "趣味滚筒"。

站立前的准备

☑ 增强下肢力量　☑ 提高全身协调性

　　这时期的宝宝已经迫不及待地想要独自站立了。因此，我们可以帮助他锻炼腿部肌肉，为宝宝独自站立打下良好基础。很多家长担心经常让宝宝站立会导致腿部变形，但其实宝宝的身体有自己的感知，他想站起来的时候，就一定是自己身体可以承受的时候。家长只要做一些辅助性的工作就好，不用过度担心。

🔒 道具准备

1 张垫子（或在床上进行）。

♣ 游戏步骤

1. 让宝宝仰卧在 1 张垫子或是小床上。

2. 先提起宝宝的左腿，上下活动 4 次，再提起右腿，上下活动 4 次。

3. 同时提起宝宝的双腿，上下活动 4 次。注意动作要轻柔。

4. 最后把宝宝的双腿弯曲，靠近宝宝胸前。

5. 如果宝宝双腿达不到胸前也没有关系，最重要的是反复练习，帮助宝宝肌肉的发育，促进他自身协调性的发展。

📢 如果宝宝喜欢这个游戏，你不妨让他再试试 132 页的游戏"认识我的手和脚"。

扫一扫
看视频

神奇的丝巾

✅ 提高手眼协调能力　✅ 提高精细动作能力　✅ 提高解决问题的能力

宝宝 5 月龄的时候，手部精细动作做得更好了，是时候带他进行升级版的丝巾游戏了。这个游戏可以很好地提升宝宝的抓握能力，以及对手的控制能力。当丝巾全部被宝宝拉出去的时候，一定要鼓励他！这能很好地调动宝宝的兴趣，让他更加积极地参与到游戏当中。

玩法演示

🔒 道具准备

1 条丝巾、1 个纸筒。也可以把纸杯去底代替纸筒。

♣ 游戏步骤

1. 家长和宝宝一起坐在地垫上。
2. 把丝巾从纸筒的一端塞进去，在纸筒的另一端露出一点丝巾。
3. 引导宝宝用小手捏住露出来的丝巾，把丝巾从纸筒中抽出来。

🎲 拓展玩法

引导宝宝从需要四指捏住丝巾到三指捏住丝巾，再到用两指捏住丝巾。

➤ 如果宝宝喜欢这个游戏，你不妨让他再试试 118 页的游戏"丝巾不见了"。

毛巾金字塔

✓ 提高精细动作能力　✓ 提高观察能力和反应能力　✓ 提高对物体恒存的认知

当宝宝尝试寻找一样暂时看不见的物体，就代表着他对于物体恒存有了一定的认识。如果宝宝出现这种行为，就可以带他玩这个小游戏了。当他通过自己的小手，找到被藏起来的玩具时，一定会很开心。这个游戏不仅可以锻炼宝宝手部的能力，还能锻炼宝宝的大脑，提高他解决问题的能力。

玩法演示

🔒 **道具准备**

1 个玩具、5 条毛巾。

扫一扫
看视频

🧩 **游戏步骤**

1. 家长需要和宝宝面对面坐好，家长在地板上放 1 条毛巾，并在宝宝面前将玩具放在毛巾下，引导宝宝找玩具。

2. 增加 1 条毛巾，把玩具仍然放在第一条毛巾的下面，在宝宝开始找的时候，迅速将玩具转移到新增加的毛巾下面，并引导宝宝寻找玩具。也可以直接将新增加的毛巾盖在第一条毛巾上方，重复进行步骤 1，以此类推，依次增加毛巾的数量。

❗ **注意事项**

1. 在藏玩具的时候，要让宝宝看到过程。

2. 在宝宝找玩具的时候，家长要引导宝宝进行寻找，等宝宝熟悉以后再增加毛巾的数量。

3. 如果宝宝找不到玩具，想放弃游戏，家长可以在一开始不将玩具完全藏起来，例如，露出一个玩具车的轮子，等宝宝熟悉了这个游戏，再将玩具完全藏起来。

➤ 如果宝宝喜欢这个游戏，你不妨让他再试试 144 页的游戏"消失的海洋球"。

手的适用性

○ 增强对形状的认知　○ 增强手部适用性

虽然这个阶段的宝宝已经能够相对自如地抓取物品了，但是他似乎还不太会根据物体的形状来调整小手的姿势。这个游戏通过让宝宝抓取不同形状的物体，能够提高宝宝对手的控制能力，同时加强他对形状的认识。

🔒 道具准备

2 ~ 4 个形状各异的玩具。

♣ 游戏步骤

1. 让宝宝仰卧或坐在小床、地板上。
2. 把不同形状的玩具递给宝宝，让宝宝用不同的手部姿势握住玩具。
3. 引导宝宝自主调整手部姿势。例如，棒状的沙锤要用整只手握住；圆圆的球可以用两个手指捏住。通过反复训练，宝宝会明白要通过不同的手部姿势拿不同形状的物品。

➤ 如果宝宝喜欢这个游戏，你不妨让他再试试 191 页的游戏"移动的积木"。

小白牙的歌

✓ 锻炼舌齿配合发音　✓ 提高模仿能力

随着宝宝不断长大，他的表达欲会越来越旺盛，每天对着你"咿咿呀呀"地说个不停。引导宝宝进行正确的发音，是他进行语言沟通的开始。家长在游戏过程中一定要有耐心，慢慢给宝宝做示范。这个游戏看似简单，但是用到了宝宝的唇、舌、齿、软腭、脸颊等部位的肌肉，是非常好的发音训练。发声早的宝宝，以后学习说话也会比较早。

玩法演示

🔒 道具准备

不需要准备任何道具。

♣ 游戏步骤

1. 家长需要先做示范，发出"啊"的声音，并引导宝宝也发出"啊"的声音。发出声音后，让宝宝拍拍家长的嘴巴，家长也用手轻拍宝宝的嘴巴。

2. 家长示范发出"一"的声音，并引导宝宝也发出"一"的声音，可以边念童谣"牙齿并齐———"，手指边在宝宝面前画"一"。

3. 家长可以张开嘴巴，露出舌头，将舌头收回嘴巴后在嘴巴里发出弹舌音，并引导宝宝也发出弹舌音。

❗ 注意事项

1. 在进行示范的时候，家长的嘴型要尽量夸张，便于宝宝模仿。

2. 宝宝可能会出现不能准确发出指定音的情况，出现这种情况很正常，只要宝宝在仔细观察家长发音，或者能发出声音，就要给予鼓励。

扫一扫
看视频

认识我的手和脚

✔ 提高语言能力　　✔ 促进自我认知　　✔ 锻炼身体协调性

　　认识自己的手和脚，是自我认知中重要的部分。边念童谣边做有趣的动作，不仅能帮助宝宝认识身体部位，童谣中大量的语言输出也是宝宝学说话的重要途径。

玩法演示

🔒 道具准备

不需要准备任何道具。

扫一扫
看视频

✴ 游戏步骤

1. 宝宝和家长坐在地板或爬行垫上，家长配合童谣带宝宝一起做动作。
   童谣：
   "小手小手拍拍"（双手分别握住宝宝的两只小手做拍手的动作），
   "我的小手举起来"（双手分别握住宝宝的两只小手做举手的动作）。
   "小手小手拍拍"（双手分别握住宝宝的两只小手做拍手的动作），
   "我的小手抱起来"（双手分别握住宝宝的两只小手做双手合十的动作）。
   "小手小手拍拍"（双手分别握住宝宝的两只小手做拍手的动作），
   "我的小手藏起来"（双手分别握住宝宝的两只小手做把手藏起来的动作）。

2. 让宝宝仰卧在地板或者爬行垫上，家长双手握住宝宝的小脚，配合童谣做动作。

童谣：

"小脚小脚踏踏踏"（双手分别握住宝宝的两只小脚做抬起放下的动作），

"我的小脚走起来"（双手分别握住宝宝的两只小脚做走路状）。

"小脚小脚踏踏踏"（双手分别握住宝宝的两只小脚做抬起放下的动作），

"我的小脚跑起来"（双手分别握住宝宝的两只小脚做跑步状）。

"小脚小脚踏踏踏"（双手分别握住宝宝的两只小脚做抬起放下的动作），

"我的小脚跳起来"（双手分别握住宝宝的两只小脚做跳跃状）。

⚠ 注意事项

1. 密切关注宝宝的状态，保证宝宝有快乐舒适的体验。

2. 如果宝宝还不能跟着童谣很好地完成动作，家长也可以握着宝宝的小手做。

✦ 如果宝宝喜欢这个游戏，你不妨让他再试试 127 页的游戏"站立前的准备"。

恐龙来了

● 增强对身体部位的认知　● 促进触觉发育

　　这个小游戏非常适合在给宝宝换尿布或者晒太阳的时候玩，能很好地促进宝宝的触觉发育，加深他对自己身体的认识。把手当成一只小恐龙，触碰宝宝的身体部位，带着他熟悉自己，认识自己。这样充满趣味的抚摸会让宝宝一直咯咯大笑，宝宝的笑声，也会让你的心情愉悦起来。

🔒 道具准备

不需要准备任何道具。

🧩 游戏步骤

1. 让宝宝仰卧在床上。家长伸出手，弯曲手指，再把中指抬高，模仿恐龙的脑袋，其他手指模仿恐龙的腿。
2. 让"恐龙"爬上宝宝的双脚，挠宝宝脚心，继续向上爬，一边爬一边用手轻轻挠宝宝身体，最后到达宝宝的鼻子。
3. 一定要注意，一边玩一边要告诉宝宝对应身体部位的名称。

📤 如果宝宝喜欢这个游戏，你不妨让他再试试 93 页的游戏"认识我的身体"。

白噪音

● 安抚宝宝的情绪　● 改善肠胃功能

所有频率具有相同能量密度的随机噪声称为白噪音。宝宝在母体内听到的声音就是一种白噪音。下雨的声音、小河流水的声音、风一阵阵吹过树叶的声音……这些白噪音可以让宝宝感到平静安稳，有安抚宝宝的作用。白噪音对宝宝的生长发育，以及肠道的吸收功能也有一定的好处。

玩法演示

注意事项

1. 播放器不要紧贴着宝宝，最好和宝宝有一定的距离。

2. 播放时白噪音的时候，声音不要太大。

道具准备

一些白噪音音频，如下雨的声音、小河流水的声音、风吹树叶的声音。

游戏步骤

1. 准备 3 个白噪音的音频。

2. 让宝宝保持一个舒适的姿势。

3. 在宝宝喝奶、睡觉前或是情绪烦躁的时候，播放白噪音，安抚宝宝的情绪。

扫一扫
看视频

我和爸爸妈妈

● 认识自己和他人的区别

认识自己和他人的区别是一种重要的社交能力。认识他人，当然是从自己的家人开始了！这个小游戏可以帮助宝宝将"称呼"和具体的某个人联系起来，了解"爸爸""妈妈"的概念，同时也有助于宝宝建立自我意识。要知道良好的自我意识是宝宝自信的基础。

🔒 **道具准备**

不需要准备任何道具。

✿ **游戏步骤**

1. 和宝宝一起坐在小床上或者地板上。
2. 喊到"爸爸"的时候，爸爸要拍拍手；喊到"妈妈"的时候，妈妈要拍拍手。
3. 喊到"宝宝"的时候，家长一开始可以协助宝宝拍手，几次练习之后，宝宝就会意识到，喊"宝宝"意味着自己也要拍拍手。
4. 这个游戏能让宝宝开始学着区分爸爸和妈妈。反复训练之后，宝宝就能意识到自己和他人的区别。

🎲 **拓展玩法**

经过一段时间的训练，家长还可以换上爸爸妈妈以及宝宝的名字，让宝宝认识到家庭成员有不同的名字。

◢ 如果宝宝喜欢这个游戏，你不妨让他再试试 137 页的游戏"夹心饼干"。

夹心饼干

● 提高反应能力 　● 建立良好的亲子关系

　　对婴幼儿时期的宝宝来说，和家长亲密互动是他们社交生活中最主要的部分。在这个游戏中，家长和宝宝的肢体接触，能提供给宝宝所需要的安全感，让宝宝的大脑获得良好刺激。反复说宝宝的名字还能加深宝宝对自己名字的认知。

玩法演示

🔒 道具准备

不需要准备任何道具。

扫一扫
看视频

🧩 游戏步骤

1. 家长需要和宝宝面对面坐在地板或者爬行垫上，家长双腿伸直，宝宝面朝家长，坐在家长的双腿之间。家长依次说几种水果的名称，然后突然说宝宝的名字，同时大喊"夹心饼干"，并用腿夹住宝宝。

2. 家长和宝宝面对面坐在地垫上，家长双腿曲起，宝宝面朝家长坐在家长曲起的双腿之间，家长依次说几种水果的名称，然后突然说宝宝的名字，同时大喊"夹心饼干"，并用腿夹住宝宝。

❗ 注意事项

1. 用双腿夹住宝宝的时候，在宝宝能接受的范围内，力度可以稍大一些，让宝宝感受到轻微的挤压感，他会觉得这个游戏特别好玩。

2. 在双腿屈起夹住宝宝的时候，注意避开宝宝的头部。

3. 可以根据宝宝喜欢的水果自由发挥，也可以加入其他元素，如颜色。

4. 如果游戏时宝宝觉得无聊和不耐烦，家长可以避免一次说太多的水果名称，并在说的时候和宝宝进行肢体的互动。

✈ 如果宝宝喜欢这个游戏，你不妨让他再试试 136 页的游戏"我和爸爸妈妈"。

7

月龄及以上

趣味滚筒

☑ 提高身体控制能力　☑ 提高对"爬行"的兴趣　☑ 提高全身协调能力

　　"爬行"是宝宝生长发育中一个里程碑式的动作，可是有的宝宝就是对爬行没有兴趣，这个游戏或许能解决这个问题。宝宝在刚开始学习爬行的时候，爬行的姿势会由向前蠕动，逐渐变成同手同脚的移动方式，此时爬行的速度是比较缓慢的，家长可以用一些有吸引力的玩具引导宝宝向前爬行，例如，能发出响声的趣味滚筒，当它向前滚动时，可以大大增加宝宝向前爬行的兴趣。

🔒 道具准备

2 个空水瓶、1 个铃铛、1 把剪刀、1 个胶带。

✿ 游戏步骤

1. 从 2 个瓶子的 1/3 处裁剪，把瓶子的上半部分剪掉，把铃铛放进水瓶。
2. 把 2 个水瓶口对口套在一起。
3. 用胶带把连接处封好，趣味滚筒就做好了。
4. 让宝宝俯卧在爬行垫或地板上。把趣味滚筒放在宝宝面前，轻轻向前推一下滚筒，铃铛的声音会吸引宝宝向前爬行，追逐滚筒。

❗ 注意事项

如果宝宝还不太会爬，没有关系，重要的是反复尝试，让宝宝先学会匍匐前进，再过渡到运用手膝爬行。

➤ 如果宝宝喜欢这个游戏，你不妨让他再试试 155 页的游戏"箱子里的世界"。

拉大锯

● 增强宝宝的手臂力量

　　7 月龄的宝宝已经可以坐一会儿了，这时我们可以陪着他玩拉大锯的游戏。这个游戏可以帮助宝宝进一步提升上肢和腰腹的力量，让宝宝坐得更稳。在你来我往间，还能加深亲子间的感情。家长拉拽宝宝时动作一定要轻柔，幅度不要太大，以免吓到宝宝。当宝宝用力拉拽时，家长的动作幅度也可以稍微夸张一些，这样的表演会逗得宝宝笑个不停。

🔒 **道具准备**

1 条丝巾、1 张垫子（或在地板上进行）。

🧩 **游戏步骤**

1. 和宝宝面对面坐在垫子或地板上。
2. 让宝宝抓住丝巾两端，家长抓住丝巾中间。
3. 按照"1、2、3、4"的节奏和宝宝轮流用力拉对方。当宝宝感到对方的手部力量时，他也会回拉。
4. 当宝宝拉家长的时候，一定要假装被宝宝拉动了，这样他会觉得特别有意思。

❗ **注意事项**

如果和宝宝坐在地板上，要注意在宝宝后背加上靠垫，保护宝宝的头部和背部。

➤ 如果宝宝喜欢这个游戏，你不妨让他再试试 213 页的游戏"锯木头，盖房子"。

扫一扫
看视频

抽不完的鞋带

◎ 提高手眼协调能力　◎ 提高抓和拉的能力

在家中，厨房可能是宝宝的"禁地"。但是厨房里的一些物品是非常适合用来给宝宝做精细动作训练的。在这个游戏里，巧用蒸笼，再搭配鞋带就能制作出能锻炼宝宝的精细动作能力的小道具了。宝宝的模仿能力非常强，你应该耐心地多演示几次。当宝宝掌握了这个新技能后，他的自信心也会大大增强。

玩法演示

🔒 **道具准备**

1 个带孔蒸屉、10 ~ 15 厘米长的鞋带若干条。

♣ **游戏步骤**

1. 将若干条 10 厘米左右的鞋带穿过带孔的蒸屉，穿过后将鞋带两端打结，要确保打结后不能将鞋带从孔中抽出。

2. 在游戏道具准备好之后，可以让宝宝和家长一起面对面坐在地垫上，家长向宝宝展示在蒸屉的两端来回抽拉鞋带。第一次玩的时候家长可以抽拉得慢一点，多演示几次，让宝宝明白具体该怎么玩儿。

3. 家长演示以后，可以将带有鞋带的带孔蒸屉交到宝宝手上，让宝宝尝试抽拉蒸屉上的鞋带。反复几次后，宝宝会抽拉得越来越快。

❗ **注意事项**

1. 在游戏过程中密切关注宝宝的状态，不要让宝宝将手指伸入蒸屉孔中。

2. 还可以为宝宝准备各种颜色、各种材质的带子，例如丝带、毛线、鞋带等，让宝宝体验不同的触感。

3. 如果宝宝还不能独自进行抽拉，家长可以协助他。

◢ 如果宝宝喜欢这个游戏，你不妨让他再试试 224 页的游戏"拉绳子"。

消失的海洋球

精细动作

✓ 提高手眼协调能力　✓ 提高空间知觉能力

这个游戏通过让宝宝找到几秒钟前见过的海洋球，提升宝宝的空间感知能力，加强对物体恒存的认识。虽然游戏很简单，但这足以激起宝宝的兴趣。在这样的寻找游戏中，宝宝的手眼协调能力也会得到锻炼。

玩法演示

🎒 道具准备

1 把剪刀、1 个纸盒和 1 个海洋球。

🧩 游戏步骤

1. 准备 1 个方形的纸盒，在纸盒上方裁剪出 1 个大于海洋球的洞，并裁剪掉纸盒的某个侧面。
2. 家长向宝宝示范将 1 个海洋球放进洞内，让海洋球从无遮挡的侧面滚出，请宝宝找到消失的海洋球。
3. 家长可以请宝宝把自己找到的海洋球放进洞里，再次寻找消失的海洋球。

⚠ 注意事项

1. 裁剪的洞口要略大于海洋球，使海洋球可以无阻碍地从侧面滚出。
2. 也可以给宝宝多备几个不同颜色的海洋球，如果海洋球从小洞掉下去，但是没有从侧面滚出，家长可以把有遮挡的侧面垫高，创造出一个倾斜的角度，使小球可以顺利滚出。

📨 如果宝宝喜欢这个游戏，你不妨让他再试试 115 页的游戏"你记得吗"。

扫一扫
看视频

动物排排坐

☑ 增强方位意识　☑ 提高语言能力　☑ 增强对高矮、大小的认知能力

　　宝宝进入了学说话最重要的阶段，在这个阶段，家长需要多和宝宝说话、给他传递各种丰富的信息，让宝宝积累更多的词汇，这样才能在语言输出阶段有更好的表现。这个游戏通过给大大小小、形状各异的动物玩偶排队，不仅能提升宝宝的语言能力，还能带着宝宝认知"高矮""大小"等概念。

🔒 道具准备

3 ~ 6 个高矮不一的动物玩偶。

🧩 游戏步骤

1. 引导宝宝将玩偶排成直线。
2. 引导宝宝把玩偶从高到矮或从小到大排列。在反复尝试的过程中，宝宝会逐渐明白高、矮、大、小这些概念。
3. 还可以给宝宝介绍前后左右空间方位，例如，"小鸭子在小狗的前面"。经过反复叙述，宝宝会建立初级的方位意识。

🚩 如果宝宝喜欢这个游戏，你不妨让他再试试 299 页的游戏"排队玩"。

鬼脸嘟嘟

✅ 增强舌头灵活性　✅ 提高清晰吐字的能力

　　对于 8 月龄的宝宝，学说话是当务之急，但是在这个阶段很多宝宝都会有吐字不清的问题，原因之一就是口腔肌肉发育不良。为了让宝宝更好地迎接这个阶段的到来，家长可以提前通过游戏的方式来锻炼宝宝的舌肌。把甜甜的果酱抹在宝宝的嘴唇附近，当宝宝尝到甜美滋味时，就会努力地活动可爱的小舌头了。

🔒 道具准备

2 ~ 3 勺果酱。也可以用果泥代替果酱。

🧩 游戏步骤

1. 把果酱抹在家长下巴上，家长向宝宝示范用舌头舔果酱。
2. 给宝宝洗净脸。把少许果酱点在宝宝的嘴巴上方、下巴，以及左右脸颊上。注意不要离舌头太远。让宝宝努力用舌头舔果酱。
3. 反复示范后，宝宝就能掌握要领了。

火龙果远了

◉ 增强对空间和距离的认知　◉ 提升视觉追踪能力

　　在这个阶段，宝宝看到的世界已经和成人差不多了，家长需要进一步去提升宝宝的视觉追踪能力，以及对空间的感知能力。做这个游戏时，红色的火龙果、番茄都是很好的道具，因为宝宝对红色非常敏感。家长可以拿着红色的水果变换自己的位置，让宝宝感受到家长位置的变化，理解"前后""上下"等方位概念。

🔒 道具准备

1 个火龙果。也可以用其他红色水果或物品代替火龙果。

🧩 游戏步骤

1. 一位家长抱着宝宝，另一位家长拿着火龙果，从宝宝面前逐渐后退 1 ~ 2 米，告诉宝宝："火龙果跑远了。"
2. 还可以把火龙果上下托举，告诉宝宝："火龙果在往上走，火龙果在往下走。"随着这样的重复动作，宝宝会对空间位置和距离远近有感知。

✈ 如果宝宝喜欢这个游戏，你不妨让他再试试 229 页的游戏"浪花来了"。

147

毯子底下有什么

☑ 理解"里"和"外"的空间概念

　　宝宝在之前的游戏中已经建立了一定的物体恒存意识，他逐渐意识到物体离开视线范围并不代表彻底消失，如果物体突然消失，他会主动进行寻找。在这个游戏中，家长可以借助找寻毯子下面的物体，带宝宝继续加深对物体恒存的认识，帮助宝宝理解"里"和"外"的空间概念。当宝宝找到自己心爱的玩具时，也会体验到发现带给他的快乐。

🔒 道具准备

1 条宝宝毯、2 ~ 4 个发声玩具，如小沙锤。

🧩 游戏步骤

1. 把发声玩具藏在毯子底下，并摇响。
2. 用声音吸引宝宝掀开毯子找到玩具。
3. 不要一次就让宝宝找到玩具，让宝宝多尝试几次，再拿到玩具。

◢ 如果宝宝喜欢这个游戏，你不妨让他再试试 129 页的游戏"毛巾金字塔"。

扫一扫
看视频

148

猜猜看

- 提高判断和决策能力
- 提高专注力
- 提高听觉记忆能力

6 月龄以后的宝宝基本可以按照自己的主观感受做出判断。这个时候，可以试着和宝宝做一些判断决策类的小游戏。家长的两只手里，一只有铃铛，一只没有，让宝宝根据声音判断铃铛在哪里，这能锻炼宝宝的听觉记忆能力和专注力。当他找到铃铛时，一定要拍手表扬他，宝宝也会为自己的决定感到骄傲。

玩法演示

📦 道具准备

2 张纸巾、1 个铃铛。

🧩 游戏步骤

1. 和宝宝面对面坐着。
2. 家长把 1 个小铃铛放在 1 张纸巾里，包起来握在手里；另一只手直接握住 1 个纸团。
3. 同时晃动双手，让宝宝猜铃铛在哪里。
4. 把手背过来，交换铃铛位置，再让宝宝猜。引导宝宝自己打开纸团寻找铃铛。

❗ 注意事项

1. 6 月龄以上的宝宝，要树立规则意识。如果宝宝吃纸或撕纸，家长要抓住宝宝的手，告诉宝宝这样做不可以，然后拿走纸巾。

2. 这个游戏的重点不是宝宝能否猜对，而是让宝宝做出自己的判断。一定要让宝宝自己打开纸团寻找铃铛，当他找到的时候会特别欣喜。

如果宝宝喜欢这个游戏，你不妨让他再试试 243 页的游戏"纸巾里有什么"。

初识表情

● 提高对表情的理解和管理能力　● 提高社交能力

　　宝宝喜欢看人脸，特别是妈妈的脸，你会发现宝宝的眼睛经常在你脸上来回打转。表情是我们情绪的外衣，当你向宝宝展示开心的表情、生气的表情、难过的表情、哭泣的表情时，宝宝也会加强对表情的正确认识，这能帮助宝宝更好地管理情绪。这个游戏也有助于亲子关系的建立，提升宝宝的社交能力。

🔒 道具准备

不需要准备任何道具。

✹ 游戏步骤

1. 家长一边和宝宝对话互动，一边夸张地做出对应表情。例如，"妈妈很开心""妈妈生气了"。

2. 当宝宝出现表情的时候，要向宝宝描述出他的表情，例如，"宝宝，你笑了，你是不是很开心？"

3. 反复练习，让宝宝理解不同的表情的含义。

✈ 如果宝宝喜欢这个游戏，你不妨让他再试试 331 页的游戏"表情猜猜看"。

亲子共舞

✓ 增强平衡感和本体觉　　✓ 增强亲子关系

　　伴随着音乐，被家长紧紧抱在怀里共舞，可以让宝宝感受到你对他浓浓的爱意和音乐的美好。晃动的舞步还能增强宝宝的平衡能力。

🔒 道具准备

1 段舒缓或轻快的音乐。

🧩 游戏步骤

1. 把宝宝抱在胸前，让宝宝面对家长，家长双手护住宝宝腰部。
2. 播放一段舒缓或欢快的音乐，伴随着音乐和宝宝转圈跳舞。
3. 在建立安全感后，家长还可以把宝宝抱在胸前，让宝宝背对自己，和宝宝一起舞蹈。

✈ 如果宝宝喜欢这个游戏，你不妨让他再试试 84 页的游戏"飞机抱"。

扫一扫
看视频

8

月龄及以上

箱子里的世界

● 提高身体控制能力　● 提高爬行能力　● 建立"里"和"外"的空间意识

相信每个家庭都有很多快递箱，随着宝宝逐渐长大，快递箱能派上大用场了！家长回忆一下自己的童年，是不是也曾经用被子为自己搭起过一座小"城堡"呢？这就是空间带给人的满足感。宝宝从 8 月龄开始，就进入空间敏感期了，爬进大大的快递箱找玩具可以帮助他了解身体和箱子之间的大小关系，有助于他发展"里"和"外"的空间意识。成功拿到玩具还能增强宝宝的自信心。

🔒 道具准备

1 个大快递箱、1 个透明胶带、1 把剪刀、1 块积木。也可以用宝宝喜欢的玩具来代替积木。

🧩 游戏步骤

1. 在 1 个足够大的快递箱侧面剪出 1 个宝宝能爬过去的小门。用透明宽胶带把小门边缘贴好，以防划伤宝宝皮肤。
2. 在箱子里放入玩具。鼓励宝宝爬进箱子寻找玩具。可以说："宝宝，箱子里有 1 块小积木，你想去拿到它吗？"

✈ 如果宝宝喜欢这个游戏，你不妨让他再试试 158 页的游戏"手膝爬行的初次尝试"。

足球运动员

☑ 学会"踢"的动作　☑ 加强腿部肌肉力量　☑ 加强对身体的认知

　　宝宝要到 24 月龄才能独立完成踢的动作，但其实在 8 月龄时，家长就可以帮助他做一些踢腿的训练了。踢腿的动作可以锻炼宝宝腿部和腹部的肌肉，提高他的身体感知能力。你对他点点滴滴的帮助，也会让宝宝进一步明白腿可以用来做什么。

🔒 道具准备

1 个小球。

🧩 游戏步骤

1. 家长站或坐在地板上，双手托住宝宝腋下。
2. 把小球放在宝宝双脚前面，轻轻向前推一下宝宝的脚，踢动小球。
3. 反复训练，宝宝会明白他的脚轻轻一踢，小球就跑了。看到小球在前面，他就会有伸脚踢的意识。

🎲 拓展玩法

可以把踢球发展成家庭游戏，爸爸、妈妈和宝宝之间互相传球。

➤ 如果宝宝喜欢这个游戏，你不妨让他再试试 354 页的游戏"双腿发射器"。

膝上飞翔

◎ 提高身体平衡能力　◎ 刺激本体觉发育

　　对很多宝宝来说，飞高高都是一件有趣并且刺激的游戏，当然这是在保证安全的前提下。上上下下的起伏感，会提升宝宝的平衡能力，让宝宝体会到"飞上飞下"的快乐。不要担心他会害怕，大大的双手，紧紧的拥抱，开心的表情，都会给他安全的信号。"飞行"的过程中，你也会感受到来自宝宝的力气，他会把手握成小拳头，开心地大笑。

玩法演示

🧳 道具准备

不需要准备任何道具。

🧩 游戏步骤

1. 家长平躺在床上或者地垫上，双腿向上曲起，让宝宝面朝家长坐在家长的脚踝上，家长双手扶住宝宝腋下。

2. 家长将小腿向上抬起又落下，双腿腾空的时候，宝宝的姿势是趴在家长小腿上的。

3. 家长在抬起腿的时候还可以向左右伸腿。反复游戏之后，宝宝可以感受到空间的变化，同时会非常喜欢抬起腿"飞"高的瞬间。

❗ 注意事项

抬腿的速度不要太快，要密切关注宝宝的状态。如果宝宝害怕，可以放慢游戏节奏；或者在宝宝"飞"高后，停留一会儿，让宝宝适应一下。

扫一扫
看视频

手膝爬行的初次尝试

☑ 增强四肢力量　　☑ 提高肢体协调能力　　☑ 促进从匍匐前进过渡到手膝爬行

　　手膝爬行是宝宝爬行的第二个阶段。与匍匐爬行不同，手膝爬行需要对侧肢体的协调。当爬行的宝宝一只手向前伸，另一只膝盖跟随时，这一动作在身体上呈对角顺序进行，这需要宝宝具备更好的身体协调能力。

玩法演示

🎒 道具准备

1 条毛巾或者宝宝毯。

♟ 游戏步骤

1. 准备 1 张爬行垫放在地面上，在爬行垫上铺 1 条长毛巾，把宝宝放在毛巾上，胸腹部对准毛巾中心。注意周围不要有障碍物，以免爬行中磕碰到宝宝。
2. 一位家长拎起毛巾兜住宝宝的胸腹部，另一位家长帮助宝宝推动左手右脚，右手左脚，辅助宝宝前进。

❗ 注意事项

1. 游戏要在饭后至少一个小时后进行。避免在很软的床或者软垫上进行游戏。软的地方受力不稳，容易让宝宝失去爬的愿望。
2. 如果宝宝爬行的意愿不强烈，可以准备一个宝宝喜欢的玩具，在前面吸引他。

◤ 如果宝宝喜欢这个游戏，你不妨让他再试试 141 页的游戏"趣味滚筒"。

扫一扫
看视频

双手传递练习

● 提高双手协调能力　● 增强手部适应性

　　这个阶段的宝宝已经可以很好地抓握物品了，可是他还不太会把物品在两只小手之间来回传递。当他不想用手拿着物品时，大多数时候都是顺势放手丢掉。这个小游戏可以帮助宝宝把物品从一只手转移到另一只手，可以帮助宝宝锻炼两只手的配合与协调能力。当宝宝双手都抓住玩具时，快乐也是成倍的！

🔒 道具准备

2 个宝宝可以抓握的玩具。

🎯 游戏步骤

1. 先给宝宝 1 个玩具，等宝宝抓住玩一会儿后，再给他新玩具。
2. 鼓励宝宝先把第一个玩具递给另一只手，再去拿新玩具。
3. 当宝宝 2 个玩具都拿住后，要大声表扬宝宝。

套杯子

☑ 提高对大小和空间的认知能力　　☑ 提高手眼协调能力

　　宝宝的小手已经比较灵活了，可以玩一些难度更高的套杯游戏了。宝宝能够识别物品的大小并分类，是他具备初级逻辑推理能力的标志。可以准备一些大大小小的杯子，如果是彩色的就更好了。引导宝宝用大杯子套住小杯子，这有助于宝宝大脑的发育，提高手眼协调能力，还能开启宝宝对大小的认知。在游戏过程中，家长和宝宝之间的沟通和交流，还有助于增强亲子关系。

🔒 道具准备

1 套套杯。也可以用 2～5 个大小不一的杯子来代替套杯。

✿ 游戏步骤

1. 和宝宝面对面坐在地板上，把杯子倒扣，放在中间。
2. 引导宝宝把大杯子套在小杯子上。
3. 当宝宝把大杯子成功套到小杯子上时，大声表扬宝宝。

❗ 注意事项

如果刚开始宝宝把小杯子套在大杯子上，家长不要着急，反复尝试宝宝才会逐渐明白：把大杯子套在小杯子上，才能成功，也就是形成了对"大"和"小"的认识。

我爱摘果子

精细动作

● 提高手部精细动作能力   ● 提高对数字、颜色的认知能力

比起声电光玩具，家里的"开放性玩具"更适合宝宝。在简单的游戏中，宝宝的各种能力也会得到提升。这个游戏主要用的是家里十分常见的扣子。对于宝宝来说，一颗颗彩色的小扣子，就像彩虹一样美丽。宝宝需要具有良好的视觉分辨能力、手眼协调能力，才能够准确地摘下扣子。同时，这个游戏还可以锻炼宝宝辨别颜色的能力。

玩法演示

丁香妈妈

🔒 道具准备

多个彩色扣子、1 个双面胶、1 个木板、1 个杯子。

♣ 游戏步骤

1. 把扣子粘在木板上，告诉宝宝："果园要丰收了，要去摘果子了。"

2. 引导宝宝把扣子摘下来放在杯子里。

3. 一边摘一边引导宝宝数数字。

4. 引导宝宝认知颜色，让宝宝摘下指定颜色的"果子"。

◤ 如果宝宝喜欢这个游戏，你不妨让他再试试 206 页的游戏"胶带墙"。

吹纸条

语言能力

✅ 锻炼口腔肌肉　✅ 提高发音能力

在这个阶段，宝宝已经开始为正式说话做准备了。这个游戏可以通过吹气动作锻炼宝宝的口腔肌肉，也可以提高宝宝发音的能力。被风吹起，在手中飘摇飞舞的小纸条，也可以提升宝宝对游戏的兴趣。

玩法演示

🔒 道具准备

1 ~ 2 张皱纹纸。也可以用普通彩纸代替皱纹纸。

♣ 游戏步骤

1. 家长和宝宝面对面坐在地垫上。
2. 把皱纹纸撕成小纸条，刚开始只需要 2 块纸条就可以了。
3. 家长捏住纸条的上端，向宝宝示范对着纸条吹气。
4. 引导宝宝吹起纸条。

❗ 注意事项

如果宝宝刚开始还不会吹气，家长可以先向宝宝的手心和颈部吹气，让宝宝感知气流。再让宝宝用吸管向水里吹气，利用气泡增加宝宝对吹气的兴趣。

🧩 拓展玩法

随着宝宝口腔送气能力的提升，可以逐渐增加纸条的数量。

📎 如果宝宝喜欢这个游戏，你不妨让他再试试 278 页的游戏"爬行毛毛虫"。

抓大的

● 提高对"大"和"小"的认知能力

　　家长可以利用生活中的实物，来做这个游戏，借助宝宝与生俱来的"数感"，帮助宝宝更好地理解"大小""高矮"等抽象的概念。

🔒 道具准备

2 个大小不一的苹果或者其他水果。

🧩 游戏步骤

1. 和宝宝面对面坐在地板上。

2. 把 2 个苹果放在宝宝面前，天然的数感会让宝宝自然拿起大的苹果，家长可以在旁边描述："抓大的！宝宝抓住了大苹果。"

3. 此时家长也可以一边拿小苹果，一边向宝宝描述动作："妈妈抓住了小苹果。"在反复的叙述中，宝宝就会明白大和小的概念。

❗ 注意事项

1. 注意水果的大小差异要明显。

2. 做游戏前先告诉宝宝哪个是大的，哪个是小的。

3. 要反复练习，大概在一个月之后，宝宝才会逐渐理解"大"和"小"。

小梳子

✔ 提高适应能力　✔ 促进触觉发育

　　丰富的触觉刺激对婴幼儿的智力与情绪发展有着重要影响。要多为宝宝创造机会，让宝宝接触多种不同质地、不同形状的物体，如小块积木、塑料小球、小瓶盖、小摇铃、海绵条、绒毛动物、橡皮娃娃、吹气玩具、衣领、被角、蔬菜、水果……

🔒 道具准备

1 把梳子（梳齿圆润）。

扫一扫
看视频

🧩 游戏步骤

1. 宝宝和家长面对面坐在地板或爬行垫上，妈妈配合童谣拿梳子轻轻地给宝宝梳头，刺激宝宝头皮。
2. 家长念出童谣，让宝宝拿小梳子自己梳梳头皮。
   童谣：
   "小木梳，梳头发，一梳梳到头发梢，"
   "小木梳，梳头发，梳梳头发好舒服。"
3. 除了梳头，家长也可以梳梳宝宝的四肢、头部、背部、屁股等。
4. 除了梳子，也可以用毛巾等道具，给宝宝不同的触觉体验。

❗ 注意事项

1. 要选择梳齿圆润的木梳。

2. 给宝宝梳头时力度不要过大。

3. 宝宝自己拿梳子的时候，家长要看护好宝宝，注意安全。

4. 如果宝宝不会自己拿梳子梳头，家长也可以握着他的小手，协助完成。这个时候，宝宝的手臂是比较短的，多半碰不到自己的头部，家长可以让他梳自己的肩膀或另外一只胳膊。

扫码阅读更多孕育知识

我的玩具哪儿去了

适应能力

✔ 增强对"里外"的认知　　✔ 提高空间探索能力

　　对宝宝来说,"寻找东西"的游戏是百玩不腻的。让宝宝观察东西被藏在了哪里,然后引导他找出来。这个过程对宝宝的观察力和记忆力都有很大的提升。找出玩具的瞬间,就像找到宝藏一样,能带给宝宝无穷的成就感。所以,多和宝宝玩一些这样的游戏吧!

玩法演示

🔒 道具准备

1 个能放进小球的袋子、2 ~ 4 个小球、1 个纸盒子、1 条能包住袋子的丝巾。

♣ 游戏步骤

1. 把小球放进袋子里,用丝巾把袋子包起来。
2. 把丝巾和袋子一起放进盒子里。
3. 引导宝宝打开盒子,拨开丝巾,打开袋子,找到小球。
4. 也可以让宝宝试着一层一层地把小球藏起来。

❗ 注意事项

如果游戏中宝宝的注意力容易分散,总是看向别处,可以把丝巾或袋子移至宝宝眼前 20 厘米处,并发出声音吸引宝宝的注意力。

✈ 如果宝宝喜欢这个游戏,你不妨让他再试试 196 页的游戏"盒子和盖子"。

这是我的声音

✅ 提高辨声能力 ✅ 激发说话欲望

宝宝在学说话的阶段，听音、辨音能力是非常需要训练的。宝宝很早就可以分辨出爸爸妈妈的声音了，那宝宝知道自己的声音是怎样的吗？带着宝宝一起感受一下吧！这个游戏可以很好地激发宝宝开口说话的欲望。

🔒 道具准备

1台录音设备（如1支录音笔或有录音功能的手机）。

🧩 游戏步骤

1. 在日常生活中记录下宝宝发出的各种声音。
2. 一边播放给宝宝听，一边给宝宝讲解是什么时候录音的。
3. 还可以录下其他家庭成员的声音，让宝宝进行区分。

⚠️ 注意事项

1. 播放时，播放器不要紧贴着宝宝的耳朵，保持一定的距离。
2. 播放时，声音不要太大。

167

抓住小白兔

8 月龄及以上 社会行为

● 提高社会行为能力　● 提高大运动能力　● 锻炼手指灵活性

　　和父母的互动能带给宝宝很强的安全感，能让宝宝建立起与人互动的兴趣和热情。很多家长觉得宝宝对做游戏没什么兴趣，玩一会儿就不想玩了。其实，家长的热情和态度决定了游戏的有趣程度，所以在游戏时，请保持笑容吧！

🔒 道具准备

不需要准备任何道具。

扫一扫
看视频

🧩 游戏步骤

1. 家长和宝宝面对面坐在地板或爬行垫上，家长配合童谣 1 做动作，吸引宝宝的注意力，并引导宝宝一起伸出小手做动作。

　　童谣 1：

　　"这是我的小手拍一拍"（先伸出双手，然后做击掌动作），

　　"这是我的小手转一转"（先伸出双手，然后双手握拳在胸前做转圈动作），

　　"这是我的小手藏起来"（先伸出双手，然后把手藏到身体后面），

　　"这是我的小手伸出来"（把藏到身体后面的手再伸出来）。

2. 家长需要配合童谣 2 示范动作，对宝宝说："下面我们要一起去抓小白兔了"。

童谣2：

"这是两把剪刀"（伸出双手，每只手都比成剪刀状），

"变成小白兔，跳一跳"（将手放到头顶，像兔耳朵一样）。

"这是一只小白兔"（伸出一只手，比成剪刀状），

"这是一块布"（伸出另一只手，比成布的形状）。

"布抓兔"（用比布的手抓住比剪刀的手），

"你抓住小白兔了吗？"

3. 反复示范之后，家长可以让宝宝坐在自己的双腿之间，和自己面向同一个方向，配合童谣一起做动作。

⚠ 注意事项

1. 念童谣时速度要慢，给宝宝学习理解的时间。

2. 一开始宝宝可能完成不了家长示范的动作，这是很正常的，家长可以先握着他的小手，协助他一起完成。随着宝宝长大，宝宝主动参与的程度会越来越高，家长一定要给予宝宝足够的耐心。

✈ 如果宝宝喜欢这个游戏，你不妨让他再试试 100 页的游戏"小手捉迷藏"。

小熊猫

☑ 刺激本体觉发育　☑ 增强平衡感　☑ 增进亲子关系

　　童谣是陪宝宝做游戏时最好的背景音乐，而家长的双膝则是宝宝最佳的座椅。膝上游戏能让宝宝很好地感受到身体的律动，促进宝宝本体觉的发育。和父母的互动在带给宝宝快乐的同时，还可以增进彼此之间的感情。

🔒 道具准备

不需要准备任何道具。

♣ 游戏步骤

1. 家长坐在地垫上，宝宝背朝家长坐在家长腿上，家长用两手扶住宝宝的手臂，伴随童谣做上下起伏的动作。

   童谣1：

   "小熊猫，学爬树，老师讲课它睡觉，
   左耳听，右耳冒，你说好笑不好笑。"

2. 让宝宝面朝家长坐在家长腿上，家长用两手扶住宝宝肩膀，伴随童谣做左右晃动的动作。

   童谣2：

   "小熊猫，学划船，老师讲课它睡觉，
   左耳听，右耳冒，你说好笑不好笑。"

❗ 注意事项

1. 游戏要在饭后1小时后进行。

2. 密切关注宝宝的状态，保证宝宝有快乐舒适的体验。

3. 加快或者放慢念童谣的速度，身体晃动的速度也随之改变，从而加强宝宝对于节奏的感知。

➤ 如果宝宝喜欢这个游戏，你不妨让他再试试189页的游戏"摩托车"。

扫一扫
看视频

9

月龄及以上

钻山洞

✅ 提高爬行能力　　✅ 提高对空间的认知能力

宝宝会爬以后，是不是总想往桌子底下钻呢？这说明宝宝对空间探索有强烈的需求。家长可以用枕头为宝宝搭出一个"山洞"，让他感受穿越空间的神奇！当宝宝成功穿越狭小的空间时，会很有成就感的！

🔒 道具准备

2 个枕头、若干个玩具。

🎮 游戏步骤

1. 把 2 个枕头立起来，上面搭在一起，搭出"山洞"。
2. 把玩具放在"山洞"的一侧，引导宝宝从"山洞"另一侧爬过去。
3. 宝宝每次爬进"山洞"，家长要大声表扬宝宝，并鼓励他再爬出"山洞"。
4. 在宝宝爬的过程中，家长要用手扶住枕头，防止"山洞"塌掉。

❗ 注意事项

不要在宝宝刚吃完饭时玩游戏，否则容易造成宝宝呕吐。

🧩 拓展玩法

1. 爸爸或妈妈向下弯腰，四肢着地，形成一个"拱形山洞"。
2. 宝宝爬过妈妈的"山洞"，爸爸可以再接上，两人不断交替，让宝宝一直玩下去。

📍 如果宝宝喜欢这个游戏，你不妨让他再试试 184 页的游戏"火车呜呜跑"。

扫一扫
看视频

我在高处爬

✓ 提高爬行能力 　✓ 提高高度认知能力

　　9 月龄开始，宝宝的探索行为很大程度是由爬行动作来支持的。更有研究指出，在宝宝爬行的阶段，他需要更近距离地接触地面和面对障碍（相对于步行），爬行较多的宝宝，日后在解决问题和逻辑思维能力的表现上也会更好。在稍微高一点的地方爬行，会给宝宝带来不一样的挑战，会提高爬行的趣味性。锻炼爬行的同时，也能提高宝宝对高度的认知能力。

玩法演示

🔒 道具准备

1 块能支撑宝宝爬行的熨衣板（或者其他木板）、2 个枕头。

✿ 游戏步骤

1. 把熨衣板架在两个枕头上，带有布罩的一面朝上，熨衣板距离地面约为 5 厘米。
2. 在熨衣板的一端用宝宝喜欢的玩具吸引宝宝，鼓励他从熨衣板的另一端慢慢爬过来拿玩具。

❗ 注意事项

1. 这个游戏一天玩 2 ~ 3 次就可以了，但是不要刚吃完饭就玩，否则容易造成宝宝呕吐。
2. 如果宝宝累了或者不耐烦了，可以及时停止。

🐾 拓展玩法

1. 在熨衣板下面多垫一点东西，让熨衣板更高一些，但不要超过 15 厘米。
2. 让熨衣板两端高度不相同，用倾斜的熨衣板让宝宝体会"上山"或者"下山"的乐趣。

扫一扫
看视频

太阳神车

✓ 提高平衡能力　✓ 刺激本体觉发育

　　你坐过游乐场的太阳神车吗？对于婴幼儿来说，这样的离地划圈运动，可以让身体不断变换位置，刺激本体觉的发育。其实，在家里就可以带着宝宝进行简易的太阳神车游戏了！

🔒 道具准备

不需要准备任何道具。

🧩 游戏步骤

1. 家长弯下腰，双手手指交叉，托住宝宝的胸腹部，宝宝面朝地面，左右摇摆 6 ~ 8 次。摇摆的时候要注意宝宝与地面的高度，距离不要太大。过程中宝宝如果表现出不适，要立即停止。
2. 家长站直，一只手托住宝宝的臀部，一只手穿过他的腋下环抱在宝宝的身前，宝宝背对家长面向外面，家长抱着宝宝向左或向右转圈，每次每个方向转 1 ~ 3 圈。注意转圈的速度不要太快，以免宝宝产生不适。如宝宝有不适症状，要立即停止游戏。

❗ 注意事项

1. 游戏要在饭后 1 个小时后进行。
2. 注意摇摆的幅度和转圈的速度不要太大、太快。
3. 如果宝宝表现出害怕，家长可以降低左右摇摆的频率，减小摇摆的幅度，放慢转圈的速度，并且给宝宝一些安抚。

✈ 如果宝宝喜欢这个游戏，你不妨让他再试试 182 页的游戏"家庭游乐场"。

扫一扫
看视频

保鲜膜里的宝贝

✔ 提高手部控制能力

8 月龄以后，宝宝用手控制物体的能力会迅速增强，要抓住各种机会让宝宝用自己的小手来解决问题。可以让宝宝试着自己取出东西、拆开包装，这能提高宝宝手部的感知能力和控制能力，让小手变得更加灵巧。当宝宝取出玩具时，记得要及时表扬他。

道具准备

保鲜膜、盆和宝宝喜欢的小玩具。

游戏步骤

1. 家长将宝宝喜欢的多种玩具放进小盆里，然后用保鲜膜将盆口封起来。注意保鲜膜不要包裹太多层。

2. 请宝宝用小手撕开保险膜，取出玩具。家长可以先让宝宝探索怎么拿出玩具，如果宝宝没有找到方法，家长再进行示范引导。

3. 家长还可以用保鲜膜将某个玩具完全包裹起来，引导宝宝用小手撕开保鲜膜，取出玩具。

如果宝宝喜欢这个游戏，你不妨让他再试试 212 页的游戏"我能拿出来"。

扫一扫
看视频

倾倒游戏

✔ 锻炼手部精细动作　　✔ 增强触觉感知　　✔ 提升专注力

　　把物体从一个容器倒入另一个容器是宝宝非常喜欢的游戏，一满一空，一装一倒，游戏本身的魅力会让宝宝乐此不疲地一遍遍重复下去。这类游戏还能锻炼宝宝手指的灵活性，提高他对"空"和"满"的认知。

🔒 道具准备

2 个一次性纸杯、1 盆水。

🧩 游戏步骤

1. 让宝宝坐在地板上。

2. 在宝宝面前放 1 盆水，给宝宝 2 个一次性纸杯。

3. 家长向宝宝示范如何用纸杯舀起水，倒入另一个纸杯中。

4. 几次示范引导后，让宝宝尝试独自完成这个游戏。

❗ 注意事项

1. 可以在地上铺一层防水塑料膜，以免弄湿地板。

2. 玩游戏前做好心理准备，如果宝宝把水弄得到处都是，切记不要大声训斥。

欢迎你，再见啦

☑ 提高语言能力

皮影卡是非常好的婴幼儿玩具，对宝宝来说，动来动去的皮影卡，加上可爱活泼的配音，可以让宝宝在观看表演的过程中，锻炼观察能力、想象能力、表达能力。这个游戏很适合在晚上跟宝宝一起玩，是一个很好的睡前游戏。

📷 道具准备

1 个快递箱，多张皮影卡。也可以用小玩偶代替皮影卡。

🧩 游戏步骤

1. 把 1 个快递箱拆去底部和盖子，当作舞台。
2. 当皮影卡出现在舞台上的时候，引导宝宝挥手欢迎它，并向它问好。
3. 当皮影卡离开舞台的时候，引导宝宝再次向它挥手，并说再见。
4. 反复练习，即使宝宝不会说"你好"和"再见"，也能懂得当皮影卡离开时要挥手。

➤ 如果宝宝喜欢这个游戏，你不妨让他再试试 252 页的游戏"大鼻子朋友"。

做汤圆

✔ 提高语言能力　　✔ 锻炼精细动作及手指灵活性

　　研究发现，欢快、有节奏感的童谣不仅能促进宝宝的语言发育，还能刺激听力及大脑的发育，对宝宝未来的写作能力也有帮助。和宝宝一起享受这个游戏吧！

玩法演示

道具准备

2 个绒球。

游戏步骤

1. 宝宝和家长面对面坐在地板或爬行垫上，一起伸出手做动作，可以用绒球吸引宝宝的注意力。

2. 家长配合童谣示范动作，同时引导宝宝也一起配合童谣做动作。

　　童谣：

　　"做汤圆，做汤圆"（双手合并，把绒球放在掌心之间前后摇晃），

　　"请把汤圆揉一揉"（一只手伸出放平，另一只手揉掌心中的绒球），

　　"轻轻地揉，重重地揉"（轻轻地揉绒球，大力地揉绒球）。

　　"做汤圆，做汤圆，请把汤圆搓一搓"（双手合并，上下搓动手中的绒球），

　　"轻轻地搓，重重地搓"（轻轻地搓绒球，大力地搓绒球）。

"做汤圆，做汤圆，请把汤圆捶一捶"（将绒球放到一只手的手心，另一只手握拳捶绒球），

"轻轻地捶，重重地捶"（轻轻地捶绒球，大力地捶绒球）。

"做汤圆，做汤圆，请把汤圆拍一拍"（将绒球放到一只手的手心，另一只手拍绒球），

"轻轻地拍，重重地拍"（轻轻地拍绒球，大力地拍绒球）。

⊙ 注意事项

1. 一开始宝宝参与游戏的意愿可能不强烈，他会更关注家长在做什么，这其实就是学习的过程，家长在念童谣时语速要适当放慢，给宝宝学习和理解的时间。

2. 游戏过程中绒球可能会掉落，要鼓励宝宝自己捡起掉落的绒球。慢慢地，绒球掉落的次数会越来越少。

如果宝宝喜欢这个游戏，你不妨让他再试试 208 页的游戏"馒头披萨"。

扫一扫
看视频

三温暖

● 提高对温度的认知能力

　　宝宝对温度的感知被称作温度觉。和触觉一样，感知温度也是宝宝对事物进行判断的重要途径。不同的温度会给宝宝带来不同的感受，温热的水让人感到舒适，冰凉的水让人感到寒冷。宝宝虽然不会表达，但是这些感受是真切的。让宝宝伸出小手去体验这奇妙世界吧！

🔒 道具准备

3 盆不同温度的水。

♣ 游戏步骤

1. 把 3 盆水放在宝宝面前，让宝宝把双手依次放进 3 盆水里，感受不同的温度，同时给宝宝描述不同的感觉。你可以说："宝宝，这是热水，就像阳光一样热乎乎。"或者说："宝宝你感受到了吗？这是凉水，感觉冰冰凉凉的。"

2. 还可以让宝宝把双手放在不同的盆里，感受水的温度差异。

✈ 如果宝宝喜欢这个游戏，你不妨让他再试试 249 页的游戏"温度触觉袋"。

家庭游乐场

✔ 刺激本体觉发育　✔ 提高平衡能力

对于宝宝来说，稍微刺激一点的游戏是非常有趣的。例如，向上托举或是左右摇晃宝宝的身体。这就像我们在游乐园里体验娱乐设施一样，在感觉"惊险"的同时，充满了新奇和快乐。托举和摇晃宝宝，还能让他意识到自身位置的变化，刺激宝宝的前庭觉和本体觉发育。

玩法演示

🔒 道具准备

不需要准备任何道具。

🧩 游戏步骤

1. 家长站在爬行垫上，让宝宝背对着家长，家长用双手托住宝宝腋下，将宝宝举起在空中画圈。

2. 家长站直，一只手绕过宝宝身体托住他的臀部，一只手放在宝宝的头颈部，大幅度左右摇晃。

3. 宝宝背对家长半蹲在地上，家长弯下腰从宝宝身后双手托住他的腋下，然后站直，用力将宝宝举起。

❗ 注意事项

1. 游戏要在宝宝饭后1 小时以后进行。

2. 密切关注宝宝的状态，保证宝宝有快乐舒适的游戏体验。

3. 摇摆的幅度不要太大，转圈的速度不要太快。如果宝宝害怕，可以降低摇摆的频率，减慢转圈速度，缩短游戏的时间。

✈ 如果宝宝喜欢这个游戏，你不妨让他再试试 175 页的游戏"太阳神车"。

扫一扫
看视频

小猪挠痒痒

☑ 增强亲子关系　☑ 提高社会行为能力

8 个月之后，宝宝的认知能力大幅提升，会主动与他人互动。不过，这个阶段宝宝的逻辑概念与口语表达能力还不足，因此比较依赖肢体互动，例如，高兴时会亲吻他人的脸颊，难过时会向父母索要拥抱以求得安慰等。这个阶段家长可以和宝宝进行一些更有趣的肢体互动，如挠痒痒游戏，提升宝宝的语言能力。

🔒 道具准备

不需要准备任何道具。

🧩 游戏步骤

家长伸出两根手指跟着童谣轻挠宝宝的前臂、上臂、胳肢窝、大腿、小腿、脚心……

童谣：

"找小猪呀找小猪，这是一只瘦小猪，

这是一只胖小猪，这是一只不胖不瘦的小猪。"

❗ 注意事项

1. 和宝宝玩挠痒痒游戏的时候，力道要轻柔，同时配合表情和动作，以免宝宝感到不适。

2. 念童谣前几句的时候，语调要平缓一点，动作也要放慢一点。

3. 挠痒痒的时候，要加快童谣的语速，提高音调。

4. 如果宝宝触觉敏感，拒绝身体接触，那么家长可以先从宝宝相对不敏感的部位做起。

📧 如果宝宝喜欢这个游戏，你不妨让他再试试 192 页的游戏"包饺子"。

扫一扫
看视频

火车呜呜跑

✔ 提高社会行为能力　✔ 增强亲子关系

宝宝现在是不是已经爬得不错了？这个阶段，家长可以带宝宝做一些更有趣的、与提升社交能力相结合的爬行小游戏。这个游戏让家长的身体变成一个有趣的"隧道"，在游戏过程中，家长和宝宝之间的沟通和互动还能提升宝宝的社交能力。

🔒 道具准备

1 张垫子（或在床上进行）。

♣ 游戏步骤

1. 家长站在垫子或地板上，两腿分开，距离略宽于肩。

2. 告诉宝宝他是"小火车"，家长是"隧道"。让宝宝从家长的腿下爬过去。

3. 当宝宝从家长腿下爬过去的时候，家长要发出如小火车般"呜呜呜""哐叽哐叽"的声音。

4. 如果宝宝爬得太慢，家长可以说："啊，隧道要倒了！"并做一个向下蹲压的动作，但注意不要真的压下去，以免伤到宝宝。

✈ 如果宝宝喜欢这个游戏，你不妨让他再试试 173 页的游戏"钻山洞"。

10

月龄及以上

小小攀岩

● 增强下肢力量

这个游戏可以很好地锻炼宝宝四肢的肌肉，为宝宝学走路做准备。在父母身上攀爬也是一种非常好的亲子互动，可以增进亲子之间的关系。

道具准备

不需要准备任何道具。

游戏步骤

1. 在床上或者爬行垫上进行这个游戏。家长和宝宝面对面，宝宝呈站立姿态，家长呈跪姿。
2. 家长双手托住宝宝腋下和腰部的位置，让宝宝的双脚蹬在家长的腿部位置。
3. 慢慢向上移动宝宝，让宝宝的双脚随之上移，蹬在家长的肚子、胸口，最终爬到家长的肩膀处。
4. 当宝宝成功站在家长肩膀上时，轻轻地把宝宝放下来，并给他一个拥抱。

⚠ 注意事项

1. 一定要在宝宝精神状态好的时候玩游戏，而不是在宝宝闹觉的时候。
2. 游戏过程中要抱紧宝宝，以免宝宝受伤。

拓展玩法

等宝宝爬上家长的肩膀时，家长双手托住宝宝并对他说："宝宝我们要下山啦！"然后下移宝宝，让他"下山"，感受到高度变化。

扫一扫
看视频

扔出去，弹回来

☑ 提高反应能力　☑ 提高手眼协调能力　☑ 提高大运动能力

　　球类游戏是传统的游戏项目，扔球、弹球不仅可以提升宝宝双手控制方向的能力，增强手眼协调性，还能提高宝宝迅速做出反应的能力。球的反弹特性，也会吸引好奇的宝宝对其进行仔细的观察，让他对事物运动方向的改变产生思考和认识，提高宝宝预测运动方向的能力。

🔒 道具准备

1 个小球。

🧩 游戏步骤

1. 和宝宝一起面对墙壁坐在地板上，适当和墙壁留出一点距离。宝宝靠前坐，家长靠后坐。
2. 家长推出小球，让小球碰到墙壁反弹给宝宝，宝宝接住小球。
3. 鼓励宝宝推出小球，让小球碰到墙壁后反弹给家长，家长接住小球。
4. 反复训练，宝宝可以掌握推球的力道和方向。

🐾 拓展玩法

两个宝宝可以相互推小球，球类运动是宝宝学会分享的开始。

➤ 如果宝宝喜欢这个游戏，你不妨让他再试试109 页的游戏"皮球推推推"。

摩托车

10 月龄及以上 **大运动**

☑ 提高大运动能力　☑ 刺激前庭觉发育

大部分宝宝都非常喜欢车，不妨试试这个游戏吧！家长通过身体的颠动来模拟摩托车发动时的状态，通过嘴来模拟摩托车发出的轰隆隆的响声。对于年龄较小的宝宝，家长颠动的幅度可以适当减小，以宝宝能接受的程度为准。

玩法演示

🔒 道具准备

不需要准备任何道具。

♣ 游戏步骤

1. 家长坐在地板或者爬行垫上，宝宝背朝家长坐在家长的腿上。
2. 家长模仿摩托车开动的声音，同时配合声音的节奏，双腿交替颠动，同时把宝宝的双手当作摩托车的车把轻轻地前后转动。对宝宝说："让我们一起去旅行吧。"

⚠ 注意事项

1. 为了真实地模拟摩托车，家长的双腿要以不同的幅度颠动，最高时可以达到完全弯曲。
2. 声音的节奏要有明显的变化，可以结合宝宝的状态，变换童谣的内容和节奏，增强游戏的趣味性。

➤ 如果宝宝喜欢这个游戏，你不妨让他再试试259 页的游戏"不倒翁"。

扫一扫
看视频

189

杯子里的积木

✓ 促进手部精细动作发育　✓ 提高适应能力

对于宝宝来说，将物品准确地放进容器内，再从容器中取出，是一件很有趣，但是有点挑战性的事情。想要做到"准确"二字，需要宝宝手、眼、脑之间的默契配合。这样的游戏不仅可以训练宝宝的协调能力，还能锻炼手部肌肉，提高宝宝的抓握能力。

🔒 道具准备

3 ~ 5 个积木、1 个一次性纸杯。也可以用绒球代替积木。

🧩 游戏步骤

1. 让宝宝坐在地板上，在他面前放 1 个纸杯和一些积木。
2. 引导宝宝拿起积木，投入纸杯，再把积木取出来。
3. 如果宝宝顺利完成，就换成快递箱，让宝宝把胳膊伸进去取出积木。
4. 反复训练，直到宝宝能够顺利地把积木全部取出。

❗ 注意事项

如果宝宝只会取不会放，可以先让宝宝把积木交给家长。等宝宝掌握"放"的技巧后，再把积木给他，让他把积木放入杯中。

➤ 如果宝宝喜欢这个游戏，你不妨让他再试试 222 页的游戏"放进小瓶子"。

移动的积木

● 提高手眼协调能力　● 提高手指抓握能力

　　移动的物体总是能吸引到宝宝的注意力。在这个游戏中，看到积木随着毛巾移动，宝宝会觉得非常有趣。可以让宝宝尝试去抓移动中的积木。对宝宝来说，这可比抓住静止的积木困难得多，需要宝宝有非常好的手、眼、脑配合能力。训练宝宝协调能力的发展可以帮助宝宝更好地适应环境，进而促进宝宝智能的发展。

玩法演示

🔒 道具准备

若干块积木、1 个宝宝椅、1 条大毛巾。

✿ 游戏步骤

1. 让宝宝紧挨桌子坐在宝宝椅上，家长在桌子上铺上毛巾，毛巾要放在宝宝伸手可以摸到的位置。毛巾上放置 3 块积木。
2. 两位家长分别站在桌子的两端，将毛巾来回拉动，让积木在宝宝面前慢慢移动，同时引导宝宝抓取移动的积木。
3. 家长也可以鼓励宝宝拉住毛巾的一角，通过拉动毛巾来拿到积木。

❗ 注意事项

1. 选择色彩对比强烈的积木。
2. 刚开始做这个游戏的时候，宝宝可能会出现只抓毛巾、不抓积木的情况，这是很正常的，家长可以引导宝宝注意到积木，再引导抓取。
3. 刚开始毛巾的移动速度不要太快，在宝宝逐渐适应后，再适当加快毛巾的移动速度。

✦ 如果宝宝喜欢这个游戏，你不妨让他再试试 203 页的游戏"球上取物"。

扫一扫
看视频

包饺子

- 增强亲子互动 · 提高语言能力 · 提高触觉感知

童谣的音韵和节奏具有朗朗上口、便于记忆的特点。多听、多念童谣是促进宝宝语言发育的好方法。家长边念童谣，边和宝宝玩耍、嬉闹、互动，也能加深和宝宝之间的亲密关系，感受到宝宝给你带来的快乐。当你假装吃掉宝宝的时候，他一定会被你逗得哈哈大笑。

🔒 道具准备

不需要准备任何道具。

♣ 游戏步骤

1. 让宝宝躺在床上，告诉宝宝他是小饺子。

2. 家长一边做动作，一边念童谣。反复训练后，宝宝会记住童谣里的内容顺序，提前做出下一步的动作。

   童谣：

   "擀擀擀饺子"（从宝宝双脚开始，用手慢慢向上摩擦宝宝的身体），

   "包包包饺子"（轻轻捏一捏宝宝身体），

   "下下下饺子"（双手在宝宝的肚皮上画圈），

   "吃吃吃饺子"（假装要吃掉宝宝）。

3. 等宝宝熟悉了这个游戏，还可以换成家长躺在床上当"饺子"，让宝宝来"包饺子"。

✈ 如果宝宝喜欢这个游戏，你不妨让他再试试 183 页的游戏"小猪挠痒痒"。

扫一扫
看视频

在这里吗?

● 增强对肯定、否定、点头、摇头的理解

宝宝在开口说话之前,都会先用简单的动作来表达自己的意愿,例如,用小手指着某个物品,代表着"我要(这个)",点头表示"是",摇头表示"不",等等。掌握好这些动作,能让还不会说话的宝宝更好地表达自己的意愿,也能更好地让宝宝与家长进行交流。家长可以通过下面的小游戏来帮助宝宝理解点头、摇头、指东西的含义,进而让他模仿学习。

🔒 道具准备

2 个一次性纸杯或者不透明杯子、1 个能放入纸杯的小玩具(如绒球)。

♟ 游戏步骤

1. 把 2 个纸杯倒扣在地板上,选择 1 个纸杯放入绒球。
2. 家长指着 1 个杯子问宝宝:"绒球在这个杯子里吗?"引导宝宝点头或摇头回应。
3. 等宝宝长大一些,你还可以倒扣 2 ~ 3 个杯子,在其中 1 个杯子里放玩具,让宝宝自己选出有玩具的杯子。

▶ 如果宝宝喜欢这个游戏,你不妨让他再试试 361 页的游戏"我来猜一猜"。

袜子里有什么

☑ 提高触觉感知能力　☑ 提高解决问题能力

　　袜子的结构注定了它很适合用来玩"找东西"的游戏。把玩具装进袜子后，虽然宝宝在外面看不出来里面具体是什么玩具，但是他可以利用触觉、视觉，对物品的外形做出大致的判断。等宝宝猜好了，家长可以引导宝宝找到袜子的开口处，辅助宝宝把藏在袜子里的玩具取出来，看看宝宝是否猜对了。这个游戏能很好地锻炼宝宝的想象力和触觉能力。

玩法演示

🔓 道具准备

1 双袜子、1 个能装进袜子的小玩具。

♣ 游戏步骤

1. 把玩具塞进袜子，递给宝宝并问他："袜子里有什么呢？"
2. 引导宝宝用手摸摸袜子，感受玩具的轮廓，之后再辅助宝宝把里面的玩具拿出来。
3. 当宝宝拿出玩具时，家长要赞美、表扬宝宝。

♻ 拓展玩法

可以把玩具塞进某只袜子里，再把这只袜子扔到袜子堆里，让宝宝在袜子堆里认出装有玩具的袜子。

➤ 如果宝宝喜欢这个游戏，你不妨让他再试试 280 页的游戏"探宝"。

扫一扫
看视频

声音有什么不一样

◉ 提升对声音的敏感度

　　宝宝一直都对生活中各种各样的声音感兴趣，例如，汽车鸣笛声、下雨声、鸟叫声、犬吠声……这个游戏，不仅可以锻炼宝宝的听觉，还能帮助宝宝了解不同物品的声音特点，提升宝宝对声音的敏感度。

🔒 道具准备

2 ～ 3 个空矿泉水瓶、一些能装进水瓶的石子、豆子、沙子，2 ～ 3 根绳子。

✿ 游戏步骤

1. 让宝宝坐在地板上，摇晃空的矿泉水瓶，让宝宝听声音。
2. 在矿泉水瓶里装上一些石子或豆子，盖好瓶盖，在离宝宝耳朵 10 厘米左右的位置摇晃瓶子，让宝宝听发出的声音。
3. 把装有不同物品的矿泉水瓶用绳子悬挂起来，引导宝宝用手拨动瓶子，让宝宝听发出的声音。

🎲 拓展玩法

在矿泉水瓶发出声音的时候给宝宝描述声音的特点，例如："宝宝你听，沙沙的声音是沙子发出的，哐啷哐啷的声音是小石头发出的。"

➤ 如果宝宝喜欢这个游戏，你不妨让他再试试 230 页的游戏"会出声的小纸团"。

扫一扫
看视频

盒子和盖子

☑ 提高手部精细动作能力　☑ 提高解决问题能力

在宝宝眼里，带着盖子的盒子是一种神奇的存在。通过用自己的小手打开、关上盒子，可以让他感受到空间的神奇，对"里"和"外"有初步的认识。当他打开盖子后，他会伸着小脑袋去探索盒子里面的奥秘，如果发现了心爱的小玩具，他会非常开心的。

玩法演示

📦 道具准备

1 个鞋盒、1 ~ 2 个能放入鞋盒的玩具。

♣ 游戏步骤

1. 和宝宝面对面坐在地板上。在宝宝面前打开空鞋盒的盖子，把玩具放进鞋盒里，再盖上盖子。
2. 家长问宝宝："鞋盒里面有什么？"引导宝宝主动打开盖子，拿出玩具。

🎲 拓展玩法

在宝宝打开盖子后，家长向宝宝描述要做的事情，例如："现在，玩具在盒子里面，请宝宝把玩具拿到盒子外面吧！"从而增强宝宝的语言能力和对"里"和"外"空间概念的认知。

小小演奏家

● 增强音乐律动感　● 提高对音乐的兴趣

　　虽然这个阶段的宝宝已经能享受到音乐带来的乐趣了，但是他还不能跟上音乐的节奏。通过这个游戏能够让宝宝真正参与到音乐中，跟着节奏动起来，他会慢慢地对节奏有更加深入的认识。这个游戏除了能培养宝宝的音乐律动感，还能提升宝宝的专注力和社交能力。

🔒 道具准备

一段欢快的音乐。

♣ 游戏步骤

1. 让宝宝坐在家长双腿上，背对家长。

2. 播放一段欢快的音乐，带宝宝一起摇晃身体，并拍手。

3. 还可以让宝宝根据音乐节奏变化调整拍手速度，感受身体带给他的律动感。

🐾 拓展玩法

还可以让宝宝跟随音乐拍拍自己的脑袋、肩膀等身体部位，让宝宝更好地认识自己的身体。

扫一扫
看视频

我爱洗澡

☑ 提高社会行为能力　　☑ 提高触觉感知能力

你可以在宝宝洗澡的时候和宝宝做很多游戏。可以趁这个时间让宝宝的皮肤感受不同材质的工具所带来的不同触觉感受，刺激他的触觉感知。你还可以让宝宝观察不同工具在水中的状态，是漂浮还是下沉。舒适的水温、家人的陪伴、快乐的游戏，会让宝宝爱上洗澡这件事。

🎒 道具准备

1 把柔软的小刷子、1 块海绵。

🧩 游戏步骤

1. 宝宝躺在爬行垫上，家长拿起小刷子，配合童谣在宝宝的身体部位做动作。

   童谣：

   "宝宝宝宝讲卫生，浑身上下洗干净，先把脸蛋刷一刷，刷刷刷刷刷刷刷"

   （用小刷子轻轻刷宝宝的脸蛋），

   "再把耳朵刷一刷，刷刷刷刷刷刷刷"（用小刷子刷宝宝的耳朵），

   "小脖子刷三下，1、2、3"（用小刷子刷宝宝的脖子），

   "小胳膊也刷一刷，刷刷刷刷刷刷刷"（用小刷子刷宝宝的胳膊），

"最后别忘了小脚丫，刷刷刷刷刷"（用小刷子轻轻刷宝宝的脚心和脚背）。

2. 宝宝躺在爬行垫上，家长拿起海绵，配合童谣在宝宝的身体部位做动作，让宝宝感受不同材质的物体接触皮肤的感觉（童谣和步骤 1 中的一样，只不过把小刷子换成了海绵）。

3. 还可以找一找家里适合做这个游戏的其他物品，如秋衣秋裤、围巾、丝巾等，让宝宝充分感受不同材料的触感。

❗ 注意事项

1. 要选择质地柔软的物品，避免伤害宝宝的皮肤。

2. 如果宝宝有触觉敏感的问题，可以缩短游戏的时间，选择童谣中的一小段进行游戏。

如果宝宝喜欢这个游戏，你不妨让他再试试 116 页的游戏"干的湿的"。

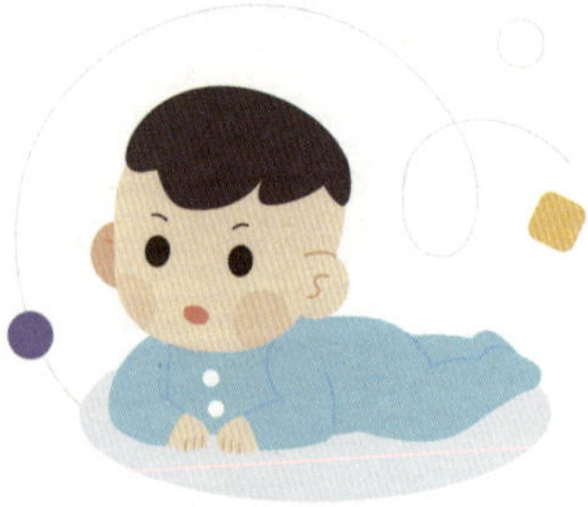

11

月龄及以上

球上取物

☑ 提高身体平衡能力　☑ 提高手眼协调能力

在瑜伽球上，宝宝需要努力协调前庭器官、肌肉、肌腱、关节内的感受器，配合视觉观察，才能保持住身体平衡的状态。当宝宝在家长的辅助下，基本能保持住平衡状态时，就可以适当提高一点儿难度了。可以在宝宝面前放小玩具，鼓励他去抓住玩具，这样可以很好地训练宝宝身体的平衡能力。当宝宝成功地抓到玩具时，别忘了给他大大的拥抱。

🔒 道具准备

1 个瑜伽球、1 个小玩偶。

🧩 游戏步骤

1. 让宝宝坐在或者俯卧在瑜伽球上，一位家长用双手托住宝宝的腰部，帮助宝宝保持平衡，另一位家长在宝宝的面前拿着小玩偶，鼓励他伸手去拿。
2. 可以改变玩偶的高度，或者在宝宝面前左右移动玩偶，让宝宝做到视动结合，精准取物。
3. 等宝宝的动作熟练了，还可以前后左右轻轻晃动瑜伽球，增加取物的难度和乐趣。

✈ 如果宝宝喜欢这个游戏，你不妨让他再试试 191 页的游戏"移动的积木"。

扫一扫
看视频

我能自己捡起来

✅ 提高弯腰捡物能力　✅ 提高身体平衡能力

　　对于这个阶段的宝宝来说，弯腰或者蹲下捡起物品不是一件容易的事情，这需要宝宝具备对身体的良好控制能力和良好的身体协调性。在独自行走之前，捡东西是必不可少的大运动训练游戏。做游戏时，可以用平时宝宝最喜欢的玩具，这能大大增加他捡起物品的兴趣。

🔒 道具准备

不需要准备任何道具。

♟ 游戏步骤

1. 在宝宝脚边放某个他喜欢的玩具。
2. 引导宝宝弯腰或者蹲下捡起玩具，家长可以说："宝宝你能帮我捡起这个玩具吗？"或者模仿玩具发出求救的声音。
3. 宝宝捡起玩具时要大声表扬宝宝。

❗ 注意事项

可以不断更换物品的种类，刺激宝宝伸手拿物的欲望。

🎲 拓展玩法

当宝宝成功捡起玩具后，在宝宝的另一只手旁边再放一个物品，让宝宝捡起，锻炼宝宝两只手的拾物能力。

📨 如果宝宝喜欢这个游戏，你不妨让他再试试257页的游戏"采蘑菇"。

扫一扫
看视频

漂亮的瓶子

● 提高精细动作能力

随着宝宝的成长，他的精细动作发育会从大把抓变为三指捏，再到两指捏。等宝宝能够两指捏的时候，就说明手的分化已基本完成，可以进行更细致的活动了。人类大部分的精细活动都是靠拇指和食指完成的。拇指和食指的协作对于宝宝日后的学习和生活都非常重要。所以，家长要想办法多让宝宝练习拇指和食指的协作。

玩法演示

🔒 道具准备

多个绒球、1 个矿泉水瓶、1 个双面胶。

🧩 游戏步骤

1. 在矿泉水瓶瓶身上贴双面胶。
2. 引导宝宝拿起绒球贴在瓶子上，做出 1 个"彩色"瓶子。
3. 当宝宝成功粘上绒球的时候，大声地表扬宝宝。

🎲 拓展玩法

引导宝宝粘上指定颜色的绒球，加深宝宝对颜色的认知。

✈ 如果宝宝喜欢这个游戏，你不妨让他再试试 161 页的游戏"我爱摘果子"。

扫一扫
看视频

胶带墙

精细动作

✅ 提高手眼协调能力　✅ 提高手部精细动作能力

这个阶段，宝宝手部的稳定性有了飞跃性的提高，手眼协调和手部控制能力进一步增强，他可以按照物体的不同形状、大小或位置变换手的抓取姿势，逐步学会了拇指、食指和中指的协同工作，可以拿起他以前抓不起来的东西。这个游戏可以让宝宝进一步锻炼小手的灵活性。

玩法演示

📦 道具准备

1 个宽胶带、多个绒球。

🎯 游戏步骤

1. 把绒球粘在胶带上，粘有绒球的面向外，把胶带两端分别固定在桌子或者椅子的两条腿上，形成粘满绒球的胶带墙。
2. 引导宝宝从胶带墙上摘下绒球，收集起来。
3. 也可以让宝宝自己把绒球粘在胶带墙上。

🎲 拓展玩法

等宝宝再大一些，可以让宝宝用吸管把绒球从胶带上吸下来，以锻炼宝宝的肺活量。注意只能吸绒球，不要吸太小的物品。

✈ 如果宝宝喜欢这个游戏，你不妨让他再试试 205 页的游戏"漂亮的瓶子"。

蒸馒头，做糖果

● 增强对词汇和语言的理解　● 提高双手控制和协作能力

　　你们小时候玩过"过家家"的游戏吗？这种扮演大人的游戏非常受幼儿园小朋友的喜欢，其实这个阶段的宝宝也是如此。家长可以利用童谣带着宝宝尝试一些这样的假装游戏，把白纸想象成面，把白色的纸团想象成馒头，在简单的游戏里，让宝宝体验做饭带来的乐趣，体验成为大人的感觉。这不仅可以锻炼宝宝的动手能力、语言能力，还能激发宝宝的想象力。对于快满周岁的宝宝来说，这是一个非常重要的成长阶段。

玩法演示

🔒 道具准备

2 张废旧报纸。

♣ 游戏步骤

1. 家长和宝宝一起将废旧报纸撕成大的纸片和小的纸片，并向宝宝讲解大与小的概念。
2. 让宝宝将大一点的纸片揉成大一点的纸团，一个个摆好，做成"馒头"；小一点的纸片揉成小纸团，做成"糖果"，再用纸包好。

❗ 注意事项

揉纸团时，家长要注意给宝宝做示范。如果宝宝无法将纸揉成纸团，或者无法用纸片包纸团，家长可以适当给予帮助，以免宝宝因为屡次失败而放弃游戏。

✈ 如果宝宝喜欢这个游戏，你不妨让他再试试253 页的游戏"魔力小纸团"。

扫一扫
看视频

馒头披萨

✔ 提高语言学习能力 ✔ 提升手指灵活性

宝宝的想象力是非常丰富的，家长应该珍视宝宝的这种能力，经常和宝宝玩"想象"游戏。你可以试着告诉宝宝，张开的手是披萨，攥紧的手是馒头，然后边念童谣，边做这个游戏。即使不是真正的馒头和披萨，天真可爱的宝宝也会信以为真，和你玩得很开心。在婴幼儿时期，无论是什么形式的陪伴，对宝宝来说，都是无比幸福有趣的。

🔒 道具准备

不需要准备任何道具。

🧩 游戏步骤

1. 宝宝和家长面对面坐在地板或爬行垫上，家长伸出手做动作，吸引宝宝的注意力。

2. 家长配合童谣示范"做馒头"和"做披萨"的动作，同时让宝宝模仿。

童谣：

"宝宝变成小厨师"（双手握拳在胸前绕圈），

"做个披萨"（双手五指张开），

"做个馒头"（双手握拳），

"披萨馒头"（双手张开再握拳），

"馒头披萨"（双手握拳再张开），

"啊呜一口吃掉它"（双手掌心向内放到嘴边，做出"吃"的动作）。

扫一扫
看视频

🕐 注意事项

1. 念童谣的时候放慢速度，给宝宝理解的时间。

2. 如果宝宝不能完成童谣中的指定动作，不要着急，家长带宝宝多练习、多示范就好。

如果宝宝喜欢这个游戏，你不妨让他再试试 179 页的游戏 "做汤圆"。

扫码阅读更多孕育知识

热的和冰的

☑ 感知温度

　　宝宝的温度觉属于触觉感知范畴。训练宝宝的温度觉，有利于刺激他的触觉感知能力。我们可以用温度相差极大的冰块和热水来做游戏。冰块和热水会给宝宝的小手带来非常不同的感觉，让他了解温度的变化。游戏时一定要注意安全，在触摸冰块和热水时，动作可以相对快一些。

🔒 道具准备

1 个冰块、2 个塑料碗、热水。

♟ 游戏步骤

1. 让宝宝坐地板上，把 1 个碗放在宝宝面前。
2. 在碗里放 1 个冰块，引导宝宝伸手摸一摸，同时告诉宝宝里面是冰块。
3. 再给宝宝 1 碗热水，让宝宝去摸热热的碗。

❗ 注意事项

注意热水的温度不要超过 40℃。

⚙ 拓展玩法

1. 把冰块放在宝宝手心，让他体会冰块在手里融化的感觉。
2. 让宝宝把冰块放在热水里，观察冰块逐渐消失。

✈ 如果宝宝喜欢这个游戏，你不妨让他再试试 181 页的游戏"三温暖"。

上上下下看妈妈

适应能力

● 提升视觉感知　● 提升空间意识

正所谓"横看成岭侧成峰"，同一个物品，从上面、正面和侧面看到的样子都是不同的。在这个月龄，家长可以带宝宝体验因观察角度不同带来的奇妙变化。这可以提高宝宝的视觉感知能力，帮助宝宝建立空间意识。

玩法演示

🧰 道具准备

1 张垫子（或在床上进行）。

🧩 游戏步骤

1. 家长坐在垫子或床上，两腿伸直，与宝宝面对面，让宝宝坐在家长的膝盖处。
2. 家长曲起双腿，抬高膝盖，宝宝也被举高，让宝宝的头部高于家长的头部，告诉宝宝"妈妈的脸在宝宝的脸下面"，然后让宝宝观察家长的脸。
3. 降低膝盖至放平双腿，告诉宝宝"妈妈的脸在宝宝的脸上面"，然后让宝宝观察家长的脸。
4. 让宝宝从侧面观察家长的脸。

🎲 拓展玩法

可以抱起宝宝，让宝宝从上方观察不同物品的样子，例如冰箱、板凳等。

我能拿出来

● 提高解决问题的能力

宝宝的独立和自信，来源于良好的解决问题能力，取物小游戏就能很好地锻炼这个能力。不同于之前的取物类游戏，这次家长要给宝宝设置一些小障碍，需要宝宝用自己的小手解决复杂的问题。"我怎么才能拿到想要的玩具？""我该如何去除障碍？"这些都是需要宝宝思考的问题。不要小瞧宝宝的聪明才智，多给他一些时间，他一定会给你带来惊喜的。

🔒 道具准备

1 个洗菜盆、1 张比洗菜盆大的报纸或者白纸。

♣ 游戏步骤

1. 和宝宝面对面坐在地板上，把一些玩具放进洗菜盆。
2. 把报纸盖在洗菜盆上，四周用胶带粘好，不留缝隙，做成一面小鼓。
3. 引导宝宝撕开报纸，拿出玩具。

✂ 拓展玩法

把玩具放进洗菜盆，用绳子或毛线把盆口交叉缠绕起来，引导宝宝把胳膊伸进空隙并拿出玩具。

◢ 如果宝宝喜欢这个游戏，你不妨让他再试试 176 页的游戏"保鲜膜里的宝贝"。

扫一扫
看视频

212

锯木头，盖房子

社会行为

☑ 增强上肢力量　☑ 增强合作意识

节奏明快、朗朗上口的童谣，伴随着家人的陪伴，不仅能给宝宝情绪上带来满足，还能让宝宝更好地理解与他人互动的技巧和策略。

玩法演示

🔒 道具准备

1 条毛巾。

🧩 游戏步骤

1. 宝宝和家长的双腿打开，面对面坐在地板或者爬行垫上，家长握住宝宝的双手，身体向后仰，使宝宝身体向前倾。再引导宝宝拉着家长的手，身体向后倾，配合童谣，重复几次动作。
   童谣：
   "拉锯，扯锯，锯木头，盖房子。给谁住？给宝宝住。"（宝宝和家长分别拉住毛巾的一端，轮流拉扯做前后摇晃的动作）。

2. 等宝宝熟悉这个游戏，家长还可以和宝宝各拉住毛巾的一头来做游戏，这样难度更大，因为宝宝要自己拉住毛巾。

❗ 注意事项

1. 念童谣的时候，家长的语速要放慢。

2. 如果宝宝拉不住毛巾，家长也可以握住毛巾的两端，让宝宝抓住毛巾的中间做游戏。

➤ 如果宝宝喜欢这个游戏，你不妨让他再试试283 页的游戏"划小船"。

镜子镜子告诉我

✓ 提高对真实世界的理解能力　✓ 促进自我认知

在这个阶段，宝宝会越来越喜欢照镜子，这是他在学习区分自己和他人的过程。家长可以趁着宝宝的好奇劲儿，和他一起观察镜子里的东西，可以向宝宝介绍镜子里的一切事物。如果宝宝的眼神跟着你的手指移动，那就证明他在非常认真地听你说话！这不仅能让宝宝更好地认识自己，也能锻炼宝宝的专注力和观察力。

玩法演示

🔒 **道具准备**

1 面镜子。

🧩 **游戏步骤**

1. 带宝宝到镜子前。
2. 与宝宝一起观察镜子里的人和物。
3. 对宝宝说："这是镜子里的妈妈，这是镜子里的宝宝，这是镜子里的桌子……"

🔗 **拓展玩法**

观察完镜子里的物品后，引导宝宝找到真实生活中的对应物品。

✈ 如果宝宝喜欢这个游戏，你不妨让他再试试282 页的游戏"我哪里变啦"。

214

我会哄宝宝

社会行为

✓ 增强责任感和自信心

到了 11 月龄，你会发现宝宝开始喜欢哄玩偶娃娃了，这说明宝宝的社会行为能力发生了飞跃性的变化。宝宝开始由习惯被关注和完全被照顾，转变为有意识地照顾周围的人或物，这说明宝宝开始具备与人互动相处的能力了。家长可以通过游戏来引导宝宝，让宝宝把玩偶当作朋友，和玩偶做一些角色扮演类的游戏。不要觉得这个游戏幼稚，这可是在为宝宝进行真正的社交活动做准备。

玩法演示

🔒 道具准备

1 个玩偶。

♣ 游戏步骤

1. 在宝宝准备睡觉的时候，把玩偶放在宝宝身旁。
2. 引导宝宝用手轻拍玩偶，假装哄玩偶入睡。
3. 当宝宝哄玩偶的时候，要不断表扬、赞美宝宝。
4. 在其他生活场景中，让宝宝扮演哥哥或姐姐的角色，哄一哄玩偶。

🍇 拓展玩法

可以让宝宝假装哄玩偶娃娃喝水、吃饭，或者给玩偶看病，让宝宝获得不同的角色体验，掌握生活技能。

◢ 如果宝宝喜欢这个游戏，你不妨让他再试试 233 页的游戏"我来照顾小娃娃"。

12

月龄及以上

小熊荡悠悠

☑ 提高平衡能力　☑ 提高触觉感知能力

宝宝在 1 岁左右，会表现出想要尝试独立行走的愿望。为了让走路变成一件更加有趣的事情，家长可以尝试让宝宝踩不同触感的地面，让他的脚掌感受丰富的触觉体验。这不仅能提高宝宝对走路的兴趣，还能刺激宝宝的触觉感知，帮助他认知更多材料的质感。

🔒 道具准备

5 条不同材质的围巾，或者是秋裤、毛巾。

🧩 游戏步骤

1. 在地板上将 4 条围巾平铺组成正方形，再将另一条围巾平铺在正方形的对角线上，形成"独木桥"。
2. 家长念童谣，引导宝宝光脚在围巾上走独木桥，感受不同围巾的质地。
   童谣：
   "小熊小熊来过桥，走一走，瞧一瞧，歪歪扭扭过了桥。"
3. 家长在旁边拍手，通过变换拍手的速度，引导宝宝快走或者慢走。

扫一扫
看视频

❗ 注意事项

1. 尽量选择不同材质的围巾，让宝宝感受不同的触感。但是为了避免宝宝打滑，建议将丝质围巾铺在比较粗糙的表面，例如爬行垫或者垫子上。

2. 从宝宝刚开始学会站立，学会迈步，到宝宝会跑会跳的阶段都可以玩这个游戏。在宝宝还不能独立行走的时候，家长可以扶着宝宝玩。等宝宝大一些，可以独立走围巾独木桥后，家长可以将围巾的宽度变窄，增加游戏难度。

如果宝宝喜欢这个游戏，你不妨让他再试试 355 页的游戏"纸板过河"。

我的胳膊真有劲儿

☑ 增强上肢力量　　☑ 增强腹部力量

　　宝宝也能做仰卧起坐吗？当然可以。虽然宝宝不能独立完成这个动作，但是家长可以协助宝宝完成。在慢慢拉起宝宝的过程中，宝宝的身体其实也在和你一起用力，增加亲子默契的同时，可以训练宝宝的腹部核心力量，以及上肢的力量。

玩法演示

🎁 道具准备

1 根鞋带。也可以用丝巾或者绳子代替鞋带。

♣ 游戏步骤

1. 让宝宝仰卧在爬行垫或床上。
2. 把一根鞋带的两头相接，系成圆圈，让宝宝的双手紧握圆圈的一边。
3. 家长用一只手抓住圆圈的另外一边，慢慢用力向上提，直到宝宝能够坐起来。
4. 家长的另一只手要从后面托住宝宝的颈部，以防宝宝突然倒下。

❗ 注意事项

如果宝宝不愿意抓鞋带或者抓不住鞋带，可以让宝宝直接拉住家长的手。

🔧 拓展玩法

等宝宝坐起来后，继续向上提鞋带，帮助宝宝站起来。

📩 如果宝宝喜欢这个游戏，你不妨让他再试试 320 页的游戏"大吊车"。

放进小瓶子

✅ 提高手眼协调能力

　　这个游戏可以帮助宝宝进一步提高手部动作的灵活性和精准性。与之前的投放类游戏不同，这次选用开口更小的矿泉水瓶，大大增加了游戏的难度，更能考验宝宝的动手能力，以及手眼协调能力。当宝宝把扭扭棒都放进瓶子后，可以晃动瓶子，发出声音，记得为聪明的宝宝喝彩。

🔒 道具准备

多根扭扭棒、1 个矿泉水瓶、能容纳 1 根扭扭棒的粗吸管。也可以用小木棍或细吸管代替扭扭棒。

🧩 游戏步骤

1. 向宝宝示范如何把扭扭棒放进矿泉水瓶里，然后引导宝宝模仿这个动作。
2. 等宝宝把瓶子里都放满扭扭棒的时候，可以让宝宝摇一摇瓶子，感受发出的声音。
3. 通过反复训练，宝宝能更准确地投入扭扭棒。

🎡 拓展玩法

1. 拿一根粗吸管，把一根扭扭棒塞进吸管里，告诉宝宝："小蛇钻进洞里了！"
2. 问宝宝："怎样把小蛇赶出洞呢？"引导宝宝用另外一根扭扭棒把吸管里的"小蛇"推出来。

➤ 如果宝宝喜欢这个游戏，你不妨让他再试试 190 页的游戏"杯子里的积木"。

扫一扫
看视频

222

扑克盒子

精细动作

✔ 提高手部精细动作　✔ 提高手眼协调能力

　　这个游戏可以锻炼宝宝的手眼协调能力和手部控制能力。这个游戏对宝宝来说有点儿难，如果宝宝不能自己完成的话，家长可以先给他做示范，或是握着他的小手来帮助他完成，重复几次后他就可以自己进行游戏了。扑克牌不仅可以用来训练宝宝的手眼协调能力，未来还能用来做数学启蒙的游戏！赶紧给宝宝准备一副新扑克牌吧！

玩法演示
丁香妈妈

🎒 道具准备

1 个鞋盒、1 副扑克。也可以用纸巾盒子和硬卡片来代替。

♣ 游戏步骤

1. 在鞋盒上剪出能塞入扑克牌的缺口。
2. 向宝宝示范，如何把扑克牌从缺口塞入盒子。
3. 让宝宝自己尝试把扑克牌塞入盒子。
4. 当宝宝成功塞入扑克牌的时候，要大声表扬宝宝。

❗ 注意事项

一开始，可以把缺口做得大一点，再慢慢缩小缺口，增加难度。

🧩 拓展玩法

两岁以后，可以在盒子上剪出几个代表不同图案的缺口——红桃、黑桃、梅花、方片，让宝宝按照类别塞入扑克牌。

✈ 如果宝宝喜欢这个游戏，你不妨让他再试试 241 页的游戏"塞进缝里"。

拉绳子

● 提高手眼协调能力

　　当宝宝掌握了用两只手捏的动作后，家长可以让宝宝尝试去捏更小、更柔软的东西，粗毛线绳就是很好的选择。可以将毛线绳系在洗菜盆上，让宝宝用两只手指捏住绳子，引导他进行拉扯。这个游戏不仅可以锻炼宝宝的精细动作能力，还能让他感受到物体因自己的用力而发生移动，这会让宝宝非常有成就感。

🔒 道具准备

1 根 30 厘米长的粗毛线绳、1 个有洞的洗菜盆。

🧩 游戏步骤

1. 家长和宝宝一起坐在地垫上或者沙发上。
2. 把 30 厘米长的粗毛线绳从洗菜盆的小洞里穿过，两头分别打一个结。
3. 把洗菜盆的底部朝向宝宝，让宝宝在一侧拉动绳子。

🎲 拓展玩法

家长可以在宝宝拉绳子一端的时候，轻轻拉住绳子的另一端，和宝宝来回拉扯，增强宝宝的上肢力量。

✈ 如果宝宝喜欢这个游戏，你不妨让他再试试 143 页的游戏"抽不完的鞋带"。

我一岁啦

✅ 提高语言能力　✅ 提高对数字概念的认识

　　在这个阶段，虽然宝宝还不能理解数字，但是你可以想办法把数字融入宝宝的生活中，加强宝宝对数字的认识。在生日月里，不妨帮助宝宝加深对数字 1 的理解吧。1 岁、1 个苹果、1 个宝宝……认识了数字 1，才能更好地理解"许多"的概念。

🔒 道具准备

不需要准备任何道具。

♣ 游戏步骤

1. 宝宝和家长坐在地板或者爬行垫上。家长伸出食指，给宝宝示范数字"1"，并教宝宝竖起食指。多重复几次，当宝宝也可以有意识地竖起食指时，家长要及时给予宝宝鼓励。
2. 家长在陪宝宝吃饭或者玩游戏时，多和宝宝重复与数字"1"有关的事情，例如，"宝宝要吃一大口饭""宝宝帮妈妈拿一个小球"。

❗ 注意事项

1. 在重复和数字"1"相关的事情时，家长要伸出食指配合，强化宝宝对数字"1"的理解。
2. 等宝宝长大一些，家长可以带宝宝认识数字"2"。
3. 现在这个阶段，宝宝可能无法只伸出食指，家长可以协助宝宝调整手的姿势，但不要操之过急，主要是鼓励宝宝自己独立伸出食指。

小老头不见了

☑ 提高语言能力　☑ 提高精细动作能力　☑ 增强手部力量

　　宝宝对自己小手和小脚的兴趣会一直持续到 24 月龄左右。在这期间，手指游戏就显得必不可少了，家长可以带着宝宝做各种玩手指的小游戏，锻炼宝宝手部的肌肉，以及灵活度。如果搭配上童谣，还能加强宝宝对语言的理解，那将会更加有趣。

🔒 **道具准备**

不需要准备任何道具。

扫一扫
看视频

♟ **游戏步骤**

1. 宝宝和家长面对面坐着，家长伸出手做动作，吸引宝宝的注意力。
2. 家长伸出大拇指，配合童谣示范动作。

　童谣：

　"这个老头他属一"（双手伸出大拇指左右摇摆），

　"当我的拇指做游戏"（大拇指弯曲两下），

　"一不小心掉洞里"（宝宝握拳，家长把一只手的大拇指从虎口插进宝宝的拳眼），

　"爬呀爬呀爬呀爬"（宝宝用力握紧家长的拇指，家长和宝宝来回拉扯），

　"老头还真有力气"（家长从宝宝的手中将拇指抽出来）。

3. 等宝宝大一些，家长可以带宝宝一起伸出大拇指，配合童谣来做动作，引导宝宝将大拇指插进家长的拳眼。

❗ 注意事项

1. 念童谣时要将速度放慢，给宝宝理解的时间。

2. 当家长和宝宝来回拉扯的时候，要注意控制力度。

3. 可以提前在宝宝身后垫好枕头，以免宝宝抽手指的时候力气太大导致猛地向后倒。

哪些是圆的

☑ 提升对图形的认知　☑ 提高手部对图形的感受力　☑ 提高语言能力

　　这一时期，家长可以用家里常见的水果和玩具，带宝宝做认识形状的小游戏。宝宝对事物的认识，一开始都是通过具体形象思维。因此，虽然带宝宝认识形状有很多方法，但一切方法的重点都是让宝宝多观察，多接触各种形状的物品。在这个过程中，宝宝也会通过自己的体验和观察，学习到更多的东西。

玩法演示

🔒 道具准备

1 个小球、1 个橘子、1 个苹果、1 个雪花片、1 个小轮、一块三角形积木、一块方形积木、一个不透明的袋子。

♟ 游戏步骤

1. 家长将准备的所有物品装进袋子中，抖动袋子吸引宝宝注意。家长将袋子中的圆形物品逐一拿出并进行介绍，叙述完之后再放回袋子里。

2. 家长需要将袋子中不是圆形的物品拿出来，并进行叙述，叙述完再放回袋子里。

3. 家长可以让宝宝将袋子中的物品拿出，家长对宝宝拿出的物品进行叙述。等宝宝再大一点儿，可以由家长说名称，让宝宝拿出对应的物品。

❗ 注意事项

1. 所选物品中要包含两种以上的圆形物品。

2. 家长展示物品时的速度不要太快，要留给宝宝认识、理解圆形的时间。

3. 若宝宝没有主动拿物品的意识，可在宝宝面前将已展示的物品放入袋子中，然后再取出，示范 1 ~ 2 次。

4. 游戏结束后，家长可以让宝宝在家里找找圆形的物品。

扫一扫
看视频

浪花来了

✅ 刺激视觉发育　✅ 认识旋转

　　雨伞很适合用来和宝宝做视觉游戏。如果是有图案的雨伞就更棒了。转动的雨伞在带给宝宝良好视觉刺激的同时，还能吸引宝宝的注意力，让宝宝对旋转的物品产生一定的认知。

🔒 **道具准备**

1 把雨伞。

🧩 **游戏步骤**

1. 一位家长托住宝宝的腋下，另一位家长将雨伞打开，将伞面对着宝宝，握住雨伞手柄，转动雨伞。

2. 一位家长托住宝宝的腋下，另一位家长将雨伞打开，将伞面对着宝宝，伴随着童谣的节奏"小浪花，涌啊涌，涌到宝宝的面前"，模仿浪花的状态前后移动。抱着宝宝的家长带着宝宝向后退。

❗ **注意事项**

1. 选择没有尖端的雨伞，以免伤害到宝宝。

2. 转动雨伞的速度不要太快。

3. 把握好雨伞和宝宝的距离，避免戳到宝宝。雨伞向前转动的时候宝宝可能会害怕，所以动作要缓慢。如果宝宝情绪不好，就停止这个游戏。

📌 如果宝宝喜欢这个游戏，你不妨让他再试试 147 页的游戏"火龙果远了"。

扫一扫
看视频

会出声的小纸团

☑ 增强对声音的敏感度

揉搓不同的纸会发出不同的声音。区别这些声音的差异，通常需要宝宝拥有良好的听辨能力。家长可以揉搓不同的纸，让宝宝听；也可以让宝宝自己揉纸，自己感受。这些声音间的细微差异，可以进一步刺激宝宝的听觉感知，更好地培养宝宝对声音的敏感度和专注度。

玩法演示

🎴 道具准备

2～4 张不同的纸张（例如，从杂志上撕下来的杂志页、报纸、包装纸、硬卡纸、餐巾纸）。

✿ 游戏步骤

1. 和宝宝面对面坐在地板上，拿出 1 张纸，靠近宝宝的耳朵揉成纸团，引导宝宝听不同纸团的声音。
2. 游戏要在比较安静的环境中进行，增强宝宝对声音的注意力。

♻ 拓展玩法

家长可以在身后揉纸团，用揉纸团的声音吸引宝宝爬到家长身后寻找纸团。当宝宝找到纸团的时候，要大声表扬宝宝。

✈ 如果宝宝喜欢这个游戏，你不妨让他再试试 328 页的游戏"声音是一样的"。

帮玩具回家

☑ 提高手眼协调能力　☑ 提高模仿能力

　　每次宝宝玩完玩具后，家里的地板上是不是一片狼藉？其实家长可以通过玩游戏的方式和宝宝一起来整理散落一地的玩具。宝宝具有很强的模仿能力，你可以通过示范，让宝宝主动拾起玩具，并放回玩具箱。这不仅能帮助宝宝建立分类意识，培养良好的生活习惯，也是宝宝社交生活的重要组成部分。

🔒 道具准备

若干个玩具、1 个玩具箱。

🧩 游戏步骤

1. 在宝宝玩完玩具后，家长将玩具箱拿过来，向宝宝示范将玩过的玩具一件一件地放进玩具箱。家长做出示范后，让宝宝也尝试着将玩具送回玩具箱。

2. 一开始，宝宝可能无法独立将玩具放回去，家长可以和宝宝协作完成，由家长将玩具递给宝宝，宝宝再将玩具放到玩具箱里。

❗ 注意事项

1. 家长在给宝宝示范收玩具的时候，一定要一件一件地收，在宝宝完成以后，家长要给予他鼓励。

2. 只玩几次这样的游戏，宝宝可能不太会建立主动收玩具的意识。家长在平时的生活中要和宝宝多进行这样的示范和引导。经过多次强化，宝宝一定能养成收玩具的好习惯。

扫一扫
看视频

大家的名字

☑ 提高对名字的理解力　☑ 提高社会行为能力

　　大概在宝宝 4 月龄以后，家长叫他名字的时候，他会有所反应。但这只能说明，宝宝的辨音能力有了进步。一岁以后，宝宝开始逐渐理解名字与自己的关系，这是自我认知中非常重要的部分。家长也可以通过给宝宝看照片、介绍名字的方式，不断强化宝宝的自我认知，这不仅可以让他了解自己的名字，还可以让他了解其他人的名字，更好地区分自己与他人。

🔒 道具准备

若干张家人的照片。

♟ 游戏步骤

1. 拿出家人的照片，给宝宝介绍爸爸、妈妈、爷爷、奶奶，并告诉宝宝家人的名字。
2. 重点向宝宝介绍他自己的名字，让宝宝意识到这个名字是属于自己的。
3. 反复练习，直到宝宝能把名字和家庭成员相对应。

🐾 拓展玩法

1. 家长在手指上戴上动物玩偶。
2. 每次伸出一根手指，向宝宝介绍动物的名字。
3. 引导宝宝和小动物握手、交朋友，为宝宝未来的社交生活做准备。

✈ 如果宝宝喜欢这个游戏，你不妨让他再试试 265 页的游戏"宝宝的相册"。

我来照顾小娃娃

● 提高社会行为能力　● 提高基础认知能力

　　家长平时的行为，对宝宝具有很强的示范效应。很多时候，宝宝会模仿家长去照料小娃娃。宝宝也可以在照顾小娃娃的过程中，学习如何给予爱与呵护。家长应该鼓励和表扬宝宝照顾小娃娃的行为，让宝宝知道关心别人是一种可贵的品质。

🔒 **道具准备**

1 个布娃娃、1 个杯子、1 把勺子、1 条毛巾和 1 本书。

🧩 **游戏步骤**

1. 家长和宝宝面对面坐在地垫上。
2. "我认识"：家长向宝宝介绍布娃娃，以及布娃娃的日常用品。
3. "我可以"：家长向宝宝描述布娃娃的需求，引导宝宝拿出可以满足布娃娃需求的日常用品。
4. 让宝宝独自照顾布娃娃，并适时表扬宝宝。

💬 **注意事项**

1. 先带宝宝认识日常用品，再进行"我可以"的环节。
2. 在宝宝拿日常用品满足布娃娃需求的时候，家长要多加引导。
3. 等到宝宝月龄大一些，家长可以给出更具体的要求。

✈ 如果宝宝喜欢这个游戏，你不妨让他再试试 360 页的游戏"玩偶中毒了"。

13 ~ 15

月龄及以上

擀面杖运动操

⊘ 增强四肢力量　⊘ 提高身体控制能力

　　通过念童谣给宝宝做语言启蒙，宝宝会在潜移默化中掌握很多词语，而相应的手势和动作，也有利于宝宝理解童谣的内容。随着宝宝记忆力和运动能力的提高，他能模仿出家长展示的大部分动作，甚至能提前做出下一句童谣描述的动作呢!

🔒 道具准备

1 根擀面杖。

🧩 游戏步骤

1. 家长一边念童谣，一边向宝宝做示范动作。

　　童谣:

　　"小小棍，长又长"（双手抓住擀面杖，手心向下，伸直胳膊），

　　"我和宝宝来做操"（双手抓住擀面杖轻轻晃）。

　　"举一举，举一举"（双手抓住擀面杖向上举高），

　　"蹲一蹲，蹲一蹲"（双手抓住擀面杖做蹲起），

　　"弯弯腰，弯弯腰"（双手抓住擀面杖弯腰并站直），

　　"蹦蹦跳，蹦蹦跳"（双手抓住擀面杖跳起来），

扫一扫
看视频

"多做棍操身体好"（双手抓住擀面杖踏步）。

2. 家长一边念童谣，一边引导宝宝自己拿着擀面杖做动作。

⚠ 注意事项

1. 家长在进行动作示范的时候可以放慢速度。

2. 游戏结束后，请宝宝交回擀面杖，避免宝宝带着擀面杖走动时受伤。

3. 一开始玩游戏时，宝宝的动作可能跟不上童谣，家长可以握住宝宝的小手带他一起做。

4. 一些家长担心做这个游戏会让宝宝拿着擀面杖四处玩。请记住，家长要在游戏的过程中给宝宝讲规则，例如，这个擀面杖做操的时候可以用，但是平常不可以玩。

扯来扯去的快乐

☑ 提高身体控制能力　☑ 提高精细动作能力

　　这个阶段的宝宝已经有一定的自主能力了，家长可以放心地交给宝宝独立完成一些简单的小事，例如脱袜子。虽然宝宝还不能自己穿上小袜子，但是脱掉袜子的动作已经不再是什么困难的事情了。这个游戏不仅需要宝宝集中手部力量将袜子扯掉，还需要他具备相应的身体协调能力。当袜子被拉扯得很长时，会引得宝宝开怀大笑。

🔒 道具准备

1 双袜子。

✖ 游戏步骤

1. 家长和宝宝面对面坐在地板或者爬行垫上。
2. 念童谣 1 的同时，帮助宝宝将袜子脱到脚跟处，让宝宝自己抓住袜子前端将袜子扯下来。

　　童谣 1：

　　"扯袜子，扯袜子，

　　短袜子变成了长袜子。"

扫一扫
看视频

3. 念童谣 2 的同时，引导宝宝扯下另一只袜子。

童谣 2：

"手指塞进小袜筒，

小手用力往外推，

小脚轻轻往里收，

脚丫出来光溜溜。"

4. 如果宝宝成功脱下袜子，要及时称赞宝宝。

🔴 注意事项

1. 给宝宝准备的袜子，袜筒不要太高，否则宝宝难以脱下来。

2. 可以给宝宝准备一些颜色不同的袜子，引起宝宝脱袜子的兴趣。如果宝宝不能把袜子从脚跟上脱下来，家长可以握住宝宝的手，协助宝宝将袜子脱下来。

塞进缝里

◯ 提高空间探索能力　◯ 提高手部精细动作能力

　　这个时期的宝宝正处于空间探索的敏感期，家长可以充分利用家里的门缝、桌子缝、沙发缝等，带宝宝做游戏。让宝宝将扑克牌对准缝隙塞进去，这样可以很好地锻炼宝宝的手眼协调能力、手部控制能力，提高宝宝对空间大小的认知。

🔒 道具准备

1 副扑克牌。

✿ 游戏步骤

1. 引导宝宝把扑克牌对准缝隙。
2. 引导宝宝将扑克牌塞入门缝、沙发缝、桌子缝等地方。

🎲 拓展玩法

把扑克牌换成其他物品，如杯子、牙膏等，让宝宝试着能否塞入缝里，提高宝宝对大小和空间的认知。

➤ 如果宝宝喜欢这个游戏，你不妨让他再试试 223 页的游戏"扑克盒子"。

扫一扫
看视频

会喝水的海绵

● 增强手部力量

　　水是非常好的早教工具，家长可以利用干净柔软的海绵带宝宝玩海绵吸水的游戏，帮助宝宝理解水和海绵的特性。"抓""握""拧"等动作还可以增强宝宝手部的力量。当他用小手挤压海绵，海绵变形，流出大量的水的时候，宝宝会非常兴奋。

🔒 道具准备

1 块干净的海绵、水。

✿ 游戏步骤

1. 带宝宝到户外，引导宝宝把海绵放进水里，让海绵吸满水。

2. 把吸满水的海绵拿到小草上方，通过"抓""握""拧"等方式挤出水，将水滴在小草上。

♨ 拓展玩法

可以和宝宝玩运水游戏。把海绵放在水桶里吸满水，让宝宝拿着海绵跑到另一个水桶处把水挤出。

纸巾里有什么

● 锻炼双手的运用和手部适应性

你的宝宝是不是很喜欢撕纸？用纸巾包裹住一个小球，宝宝会很好奇纸巾里面藏着什么，他会使劲地用小手撕开纸巾，这能提高宝宝的精细动作能力。纸张被撕破时发出的响声，也能锻炼宝宝的听觉能力，帮助宝宝了解因果关系。

玩法演示

🔒 **道具准备**

1 张餐巾纸或者报纸、1 个小球。

🧩 **游戏步骤**

1. 家长和宝宝一起坐在地垫上。
2. 用餐巾纸或报纸包住小球。
3. 将包好的小球递给宝宝。
4. 让宝宝猜纸巾里有什么，鼓励宝宝拆开纸巾拿到小球。
5. 当宝宝成功打开纸球时，一定要大声表扬宝宝。

🐾 **拓展玩法**

还可以把餐巾纸和绒球交给宝宝，让他自己用餐巾纸包住绒球。

➤ 如果宝宝喜欢这个游戏，你不妨让他再试试149 页的游戏"猜猜看"。

扫一扫
看视频

西红柿

✔ 提高语言能力　　✔ 提高观察能力

　　教宝宝学会描述一件物品，不仅有助于宝宝了解物品的特点，还有助于宝宝语言的发展。家长在说出词汇时，可以进行实物展示，让宝宝看到、摸到、闻到实物，运用他所有的感官功能，这样能让他更全面地去了解一个物品，还能提高宝宝的观察力。

玩法演示

🔒 道具准备

1 个西红柿、1 个胡萝卜。

✿ 游戏步骤

1. 家长和宝宝面对面坐好，引导宝宝摸一摸、闻一闻西红柿，让宝宝从颜色、外形、气味等方面全面地了解西红柿。
2. 将西红柿和胡萝卜放在一起，引导宝宝找出西红柿。

⚠ 注意事项

1. 选择西红柿的时候要注意选择比较熟的、表面光滑的西红柿。要准备长长的胡萝卜，便于宝宝进行区分。
2. 宝宝可能会表现出对游戏不感兴趣，出现直接吃西红柿的情况。我们可以在带宝宝认识西红柿之后，主动带宝宝尝一尝，让宝宝对西红柿的认识更深刻。

扫一扫
看视频

魔法哈气

✅ 提高对不同口型的控制能力 ✅ 掌握不同口型的发音原理

对宝宝来说，哈气动作并不简单。家长可以通过游戏的方式，带宝宝多练习这个动作。练习哈气能帮助宝宝锻炼口腔肌肉，为宝宝的语言发展打下良好的基础。

🔒 道具准备

1 面镜子（边缘光滑）。

🧩 游戏步骤

1. 给宝宝示范对着玻璃哈出雾气。
2. 引导宝宝在玻璃上哈出雾气，注意区分"哈"和"呼"的嘴型。
3. 让宝宝反复尝试，顺利哈出雾气，掌握哈气的方法。

🎲 拓展玩法

等宝宝学会哈气后，引导宝宝用手指在有雾气的玻璃上作画。

湖边漫步

语言能力

✔ 提高语言能力　　✔ 提高面部触觉感受能力

　　家长的抚摸，对于婴幼儿来说就是一种爱的表达。在这个游戏中，家长一边唱童谣，一边抚摸宝宝的五官，不仅可以促进宝宝的触觉发育，还可以帮助宝宝了解面部各部位的名称，加深亲子之间的感情。

🔒 **道具准备**

不需要准备任何道具。

🧩 **游戏步骤**

1. 在地板或爬行垫上，让宝宝面对家长，坐在家长的腿上。
2. 一手护住宝宝的背部，一手配合童谣在宝宝的面部做动作。

　　童谣：

　　"摸摸小脑门"（家长用手以宝宝的眉毛为起点，向上移动，抚摸宝宝的额头），

　　"爬上高鼻梁"（家长用两根手指从宝宝的鼻梁根部上移至鼻头），

　　"来到小河旁"（家长用手指围绕宝宝的嘴巴画圆圈），

　　"捡起小石头"（家长用手轻轻地捏宝宝的小鼻子），

　　"扑通丢下水"（家长用手轻轻地拍宝宝一侧的脸），

扫一扫
看视频

"激起千层浪"（家长用手轻揉宝宝的全脸）。

3. 还可以和宝宝玩"鳄鱼来了"，当和宝宝说"湖里有什么？是不是鳄鱼来了"的时候，可以把双手放在宝宝腋下，辅助宝宝站立，带着宝宝一起逃跑。如果宝宝还小，可能会出现站起来不知所措的情况，可以让另外一位家长轻轻推动宝宝的腿部，让宝宝学会迈步逃跑。

❗ 注意事项

1. 触碰宝宝面部的时候，要注意避开宝宝的眼部，家长要注意手部的卫生及指甲的长度，以免戳伤宝宝。

2. 有些宝宝可能会出现触觉敏感的情况，不愿意让别人触碰自己的面部。家长可以让宝宝自己摸一摸面部，习惯这种触摸的感觉。

把瓶子倒过来

● 提高解决问题的能力

相信大家都听过《乌鸦喝水》的故事吧！家长也可以给宝宝设置类似的游戏关卡，锻炼宝宝解决问题的能力。家长可以在水瓶里放入宝宝最喜欢的小零食，让宝宝想办法自己拿到。随着宝宝思维能力的发展，他会尝试着解决这个问题。在这个过程中，宝宝的观察力、理解力、精细动作能力都会得到很好的发展。

玩法演示

🔒 道具准备

1 个细口矿泉水瓶、一些能放入水瓶的小零食。

♣ 游戏步骤

1. 把装有小零食的矿泉水瓶递给宝宝。
2. 让宝宝自主探索如何取出零食。如果宝宝不能独立拿出零食，还可以适当给他提示，引导宝宝把瓶子倒过来。
3. 当宝宝成功拿到零食时，要大声表扬宝宝。

🎏 拓展玩法

可以把矿泉水的瓶盖拧松一点给宝宝，引导宝宝自己拧开瓶盖，倒立瓶子，拿出食物。

温度触觉袋

● 提高触觉感知能力　● 提高视觉感知能力

让宝宝触摸不同温度的水袋，在感知温度的同时，还能给宝宝带来奇妙的触觉体验。通过反复做这个游戏，宝宝也会慢慢学会如何用颜色来表示不同的温度。你对温度的描述也能丰富宝宝的词汇量，提高宝宝的语言能力。

玩法演示

🎒 道具准备

3 个密封袋，红、黄、蓝 3 种颜色的食用色素，若干个绒球，冷、热、常温 3 种温度的水。

🧩 游戏步骤

1. 家长将 3 个密封袋中分别装入 3 种温度的水，然后在冷水中加入蓝色色素，在热水中加入红色色素，在常温水中加入黄色色素。

2. 宝宝和家长一起面对面坐在地垫上，将 3 个密封袋放在宝宝面前，请宝宝触摸温度不同的 3 个袋子，感受不同的温度。

3. 家长可以打开常温的密封袋，并在密封袋中放入几颗绒球，让宝宝捏一捏密封袋中的绒球，感受不同的触感。

❗ 注意事项

1. 准备的热水不要超过 45℃。

2. 密封袋中的水量不宜过多，大概一半就可以了，以免因密封不严导致水洒出。

3. 尽量选择与食用色素色彩不同的绒球放入密封袋中，这样可以帮助宝宝认识更多的颜色。

✈ 如果宝宝喜欢这个游戏，你不妨让他再试试 210 页的游戏"热的和冰的"。

扫一扫
看视频

声音在哪里

⊘ 提升声音敏感度 ⊘ 提升对声音方向的判断力

宝宝会好奇声音是从哪里传来的，并且会主动寻找。在寻找声源的过程中，需要宝宝保持良好的听觉专注度。这个游戏不仅能让宝宝感受到音乐的美妙，还能提升宝宝对声音的敏感度，对声音方向的判断力。家长对声音位置的描述，也能加强宝宝对"前""后""左""右"这些方位词的理解。

🔒 道具准备

1 个音乐播放器，或者直接用手机播放音乐。

♣ 游戏步骤

1. 让宝宝坐在地垫上。
2. 把音乐播放器藏在宝宝能拿到的地方。
3. 打开音乐播放器，吸引宝宝的注意。
4. 引导宝宝去寻找声音来源，帮助宝宝成功找到播放器。
5. 当宝宝成功找到时，一定要大声表扬宝宝。
6. 尝试把玩具放在宝宝周围其他的位置，继续游戏。

🐾 拓展玩法

把声音调小，当宝宝寻找声音的时候，提示他物品所在的方向。例如，你可以这样对宝宝说："宝宝，声音就在你的右边"，加强宝宝对声音所在方位的认知。

🖊 如果宝宝喜欢这个游戏，你不妨让他再试试 66 页的游戏"促进宝宝的听觉发育"。

你来选选看

● 增强物权意识

在宝宝 1 岁以后，家长可以通过游戏帮助宝宝逐渐建立物权意识。家长可以给宝宝展示他自己的衣服和大人的衣服，并告诉他衣服是属于谁的。通过这样的描述，宝宝能更好地区分自己和他人。不仅是衣服，宝宝的玩具、牙刷、鞋子、妈妈的化妆品、包包都可以当作游戏的道具。

玩法演示

🔒 **道具准备**

多件衣服。

✿ **游戏步骤**

1. 分别拿出几件宝宝的衣服和爸爸妈妈的衣服。
2. 让宝宝区分出自己的衣服和爸爸妈妈的衣服。
3. 如果宝宝能正确区分，要大声表扬宝宝。

🧩 **拓展玩法**

如果家中有几个宝宝，可以分别在他们的玩具上贴不同颜色的胶带，建立物权意识，避免他们争抢玩具。

大鼻子朋友

◉ 提高人际交往能力　◉ 促进亲子关系

1岁以后，宝宝不再把注意力只放在自己身上了，他对周围的人、事、物非常有兴趣，也期待能和他们互动。家长应该为宝宝介绍更多的新朋友，玩具朋友也是可以的。如果家长能让玩具表现得像真实的人，就能激发宝宝的想象力。让宝宝和玩具朋友沟通，也能促进宝宝沟通能力的发展。

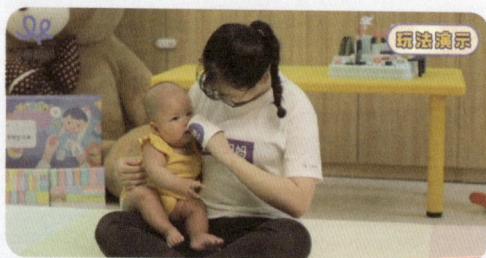

🎒 道具准备

1个纸杯、1把剪刀、1支笔。

♟ 游戏步骤

1. 将纸杯的杯口朝下，在杯身上画出眼睛和微笑的嘴巴，在鼻子的位置上用剪刀剪出小洞，洞的大小刚好可以容纳家长的食指穿过。
2. 把做好的纸杯套在手上，将食指从洞中穿出，并摇晃手指，模拟"大鼻子朋友"和宝宝聊天。
3. 可以给宝宝准备1个做好的纸杯，让宝宝也伸出食指模拟另一个"大鼻子朋友"，家长可以和宝宝互相拉"鼻子"。

ⓘ 注意事项

1. 注意剪刀的使用安全，使用后请妥善放置。
2. 在模拟"大鼻子朋友"和宝宝聊天时，家长可以赞美宝宝，也可以问宝宝一些问题。
3. 由于宝宝的手指较短、纸杯比较大，家长可以把纸杯剪得短一些，再和宝宝做游戏。

✈ 如果宝宝喜欢这个游戏，你不妨让他再试试121页的游戏"第一个好朋友"。

扫一扫
看视频

252

魔力小纸团

● 提高社会行为能力　　● 锻炼手指灵活性

　　宝宝的社交行为是从模仿开始的，白纸和树叶都能成为宝宝和家长进行互动的道具。无论什么样的模仿游戏，重复几次后，宝宝都会跟随家长的节奏一起玩。这个游戏通过让宝宝模仿家长揉纸团，可以锻炼宝宝手部的精细动作能力，提高宝宝的社会行为能力。

🔒 道具准备

1 盒抽纸。

♣ 游戏步骤

1. 给宝宝 1 盒抽纸，宝宝会兴奋地将纸巾全部抽出来，家长边示范边引导宝宝将抽出来的纸巾揉成小纸球。

2. 家长将纸球放在头顶上，引导宝宝也将纸球放在头顶上，看谁的纸球停留的时间长。

3. 家长将纸球放在地板上，配合童谣用手指将纸球弹出去，然后引导宝宝模仿。

童谣：

"小青蛙，快快跳，跳得高，跳得远。"

扫一扫
看视频

253

⚠ 注意事项

1. 带宝宝多做"揉"的动作，能锻炼宝宝手部精细动作的能力。

2. 将宝宝抽出的纸巾收好，避免浪费。

3. 一开始，宝宝可能无法将纸巾揉成小球，或者将小球弹出去。家长可以帮助宝宝调整手部姿势，协助宝宝完成这个动作。宝宝把纸揉成任何形状都是可以的，只要做出"揉"的动作就好。

➤ 如果宝宝喜欢这个游戏，你不妨让他再试试 207 页的游戏"蒸馒头，做糖果"。

扫码阅读更多孕育知识

16 ~ 18

月龄及以上

采蘑菇

☑ 提高身体平衡能力　☑ 提高视动统合能力

　　这个阶段的宝宝虽然可以走路了，但是平衡能力还不够好。为了让宝宝可以在独自行走时走得更加平稳，家长可以通过蹲下捡物的游戏来锻炼宝宝身体的平衡能力、身体协调能力和视动统合能力。家长可以引导宝宝蹲下并拾起物品，慢慢放到篮子里，等宝宝收获满满一篮子战利品的时候，别忘记为他庆祝！

玩法演示

🔒 道具准备

1 张白纸、1 支彩笔、1 个小篮子（或者脸盆）。

♣ 游戏步骤

1. 在纸上画出蘑菇的小轮廓。
2. 用剪刀剪下小蘑菇放在地板上。
3. 播放歌曲《采蘑菇的小姑娘》，让宝宝随着音乐捡起蘑菇。可以带宝宝反复做这个游戏。

🐚 拓展玩法

1. 在纸上画出多个不同颜色的蘑菇，并让宝宝收集不同颜色、不同数量的蘑菇。
2. 变换捡起的对象。把蘑菇换成萝卜、草莓，让宝宝保持对游戏的新鲜感。

✎ 如果宝宝喜欢这个游戏，你不妨让他再试试 273 页的游戏"我的小脚上有什么"。

变形机器人

✓ 提高身体协调能力　　✓ 增强合作意识

　　家长和宝宝如同变形机器人一样合二为一，一起前进，这对宝宝来说是一种全新的行走体验。这样的行走方式，需要宝宝和家长协作完成，能够增强宝宝的合作意识。家长也可以规划出各种形状的路线，增加游戏的趣味性。在行走过程中，家长还可以一边走，一边喊口号，为宝宝加油鼓劲！

🔒 道具准备

1张皱纹纸或者白纸。

🧩 游戏步骤

1. 把皱纹纸贴在地板上，贴成1条弯曲的小路，在小路的尽头贴出1个圆圈。
2. 让宝宝站在你的脚背上，双手托在宝宝腋下，和他一起沿着小路，从开始走到尽头，边走边喊"1、2、1"。
3. 走到圆圈的时候，和宝宝一起跳进圆圈。

✈ 如果宝宝喜欢这个游戏，你不妨让他再试试319页的游戏"我是小考拉"。

扫一扫
看视频

258

不倒翁

☑ 增强平衡感

　　这个阶段的宝宝虽然可以走路了，但是他的平衡能力还不是很好。家长抱着宝宝摇晃可以帮助宝宝寻找身体的重心，提高宝宝的平衡能力。在这个过程中，家长可以和宝宝说话沟通，这还能提升宝宝的语言能力。

🔒 道具准备

不需要准备任何道具。

🧩 游戏步骤

1. 家长坐在垫子上，双腿分开，双脚挨在一起，让宝宝坐在双腿的空隙处。
2. 家长对宝宝说："我们是两只不倒翁。"然后和宝宝一起前后左右晃动，让宝宝感受身体位置的变化。

◢ 如果宝宝喜欢这个游戏，你不妨让他再试试170页的游戏"小熊猫"。

掰开手

☑ 增强手部力量

　　宝宝不仅对自己的小手感兴趣，对家长的手也十分感兴趣。让宝宝试着掰开你攥成拳的手指吧！这个动作虽然简单，但是能锻炼宝宝的手部肌肉，让宝宝玩得不亦乐乎。当家长所有手指都被宝宝掰开后，宝宝会觉得自己非常厉害，自信心也会增强。

玩法演示

🔒 道具准备

1 个成人能抓握的小球。

✿ 游戏步骤

1. 家长用小球吸引宝宝的注意力，然后把小球放在拳头里，稍微用力握住。
2. 告诉宝宝，拳头是宝盒，让宝宝试着取出小球。
3. 反复训练，直到宝宝能依次掰开家长的手指。

❗ 注意事项

一开始，宝宝可能会把家长的几根手指同时掰开。不要着急，等宝宝认识每根手指后，再让宝宝逐一掰开家长的手指。

♨ 拓展玩法

等宝宝到了 3 岁左右，可以把不同数字写在指头上，让宝宝按照数字顺序掰开家长攥成拳的手指，对宝宝进行数学启蒙。

指点画

● 提高精细动作能力　● 提高基础认知能力

画画可以提升宝宝的精细动作能力和手眼协调能力，还能让宝宝认识颜色。在这个游戏中，你可以让宝宝自由地画苹果，这有助于培养宝宝的自信心，帮助他表达自己的想法。你还可以和宝宝讲一些有关苹果的知识，这有助于宝宝认识世界。

🔒 道具准备

1瓶红色颜料、1张画纸。

🧩 游戏步骤

1. 家长在画纸上画一棵没有果实的苹果树。
2. 用宝宝的食指沾上红色的颜料，然后按在苹果树上。
3. 辅助宝宝点几个"苹果"后，让宝宝自己点画。
4. 等纸上的颜料干了，还可以配合童谣，和宝宝一起欣赏作品。

童谣：
"大苹果真好看，红红的脸蛋圆又圆。
长在树梢上，味道香又甜。"

❗ 注意事项

1. 使用颜料的时候要注意安全，如果家里没有可供宝宝安全使用的颜料，可以把红心火龙果榨汁当颜料用。
2. 不要因为宝宝把颜料洒到周围而责备宝宝或者终止游戏。

扫一扫
看视频

261

捞玩具

✅ 提高肢体协调能力   ✅ 提高双手协作能力

这个简单的小游戏，会让宝宝玩得不亦乐乎，它可以帮助宝宝认识不同的玩具，分辨固体和液体的不同，锻炼宝宝的手眼协调能力和双手协作能力。开始游戏，和宝宝一起感受快乐吧！

🔒 道具准备

1 个浴盆、1 个脸盆、1 把漏勺、1 个玩具。

♣ 游戏步骤

1. 准备大浴盆，在浴盆中放入一半的水，然后将玩具放入浴盆。
2. 家长和宝宝一起坐在浴盆旁边。
3. 把漏勺交给宝宝，引导宝宝用漏勺把浴盆中的玩具捞出来，放到准备好的脸盆里。
4. 当宝宝把玩具全部捞出时，一定要大声表扬宝宝。

❗ 注意事项

1. 选择体积和质量适中、能浮在水面上的玩具，避免宝宝捞不起来或者捞不动玩具。
2. 做好防滑工作，避免宝宝摔倒。

动物总动员

☑ 增加触觉刺激   ☑ 促进亲子关系

宝宝喜欢跟随童谣做游戏。在这个游戏中，宝宝不仅能了解动物的名称，强化对身体部位的认识，优美的旋律和节奏还能帮助宝宝记住一些句子，提高宝宝的语言能力。

📷 道具准备

1 张地垫。

🧩 游戏步骤

1. 让宝宝仰卧在地垫上，家长伸出两只手的食指，边念童谣边在宝宝的肚子上用食指交替"跳一跳"；然后请宝宝俯卧在地垫上，在宝宝背部也用食指交替"跳一跳"。

   童谣 1：

   "跳蚤跳，跳蚤跳，小小跳蚤跳跳跳。"

2. 让宝宝仰卧在地垫上，家长用两只手的多个手指头，边念童谣边在宝宝的肚子、腿上"爬一爬"；然后请宝宝俯卧在地垫上，在宝宝的背部也用手指"爬一爬"。

   童谣 2：

   "虫虫爬，虫虫爬，小小虫虫爬啊爬。"

扫一扫
看视频

3. 让宝宝仰卧在地垫上，家长用两只手跟随哼唱的童谣在宝宝的肚子上、腿上"拍一拍"；然后请宝宝俯卧在地垫上，在背部也用手"拍一拍"。

童谣3：

"白马跑，白马跑，白白的马儿跑呀跑。"

⚠ 注意事项

1. 家长在做游戏前记得修剪好指甲，避免划伤宝宝。

2. 家长要保持动作轻柔，控制拍打力度。

3. 有的宝宝会怕痒，家长一开始可以力度大一些，等宝宝适应后，动作再逐渐变得越来越轻柔。

宝宝的相册

● 提升自我意识

宝宝对人的面部非常感兴趣。对于宝宝来说，各种各样的人像就像一张张画作，值得他仔细端详。多让宝宝看相册，对着照片向宝宝介绍人物的名字和人物经历的事情，可以帮助宝宝学会区分自己和他人，帮助宝宝把照片中的人物和真实世界中的人物联系起来，发展认知能力。

🔒 道具准备

1 本相册（包含家长和宝宝的合照）。

🧩 游戏步骤

1. 打开相册，一边指着照片，一边对宝宝说："这是你——宝宝；这是我——妈妈。"

2. 要不断地重复宝宝的名字，强化宝宝对"你"和"我"的认识。

3. 反复训练，直到宝宝能区分爸爸、妈妈和自己。

📌 如果宝宝喜欢这个游戏，你不妨让他再试试 232 页 的 游 戏 "大家的名字"。

蛋壳画

☑ 提高专注力　☑ 增强手部力量

　　吃完鸡蛋，蛋壳可别乱扔，这可是做艺术创作游戏的绝佳材料。这种简单的手工和涂鸦是宝宝正式学画之前的必经阶段。这个游戏有助于宝宝锻炼手部控制能力，感受物体的形状，提高想象力，发展对世界的认知。

玩法演示

🔒 道具准备

1 支黑色彩笔、1 个蛋壳、1 个密封袋、1 个木槌、1 张 A4 纸、1 个双面胶。

✿ 游戏步骤

1. 在 A4 纸上用黑色彩笔画上树干和树枝，在树枝周围错落地粘贴小段的双面胶，将全部的双面胶揭开后，把大块的蛋壳粘在上面，最后将其装进密封袋。
2. 将装好材料的密封袋放在宝宝面前，引导宝宝拿木槌敲打密封袋中的蛋壳。如果没有木槌，用小勺子也是可以的。
3. 把蛋壳敲碎以后，打开密封袋，将粘满碎蛋壳的 A4 纸取出。一起欣赏宝宝创作的蛋壳画吧！

❗ 注意事项

1. 双面胶要错落地粘贴，不要呈"一"字摆开。
2. 注意木槌的使用安全，避免宝宝受伤。
3. 由于蛋壳比较尖锐，可能会出现密封袋被扎破的情况，所以要避免宝宝的手直接按压在密封袋上。

扫一扫
看视频

我能找得到

● 提高视觉感知能力　● 提高观察力

在宝宝认识了一些常见的动物后，家长就可以带宝宝来玩寻找指定动物的游戏了。在寻找的过程中，宝宝需要将语言与图片很好地结合起来，这有助于提高宝宝的观察力，以及解决问题的能力。

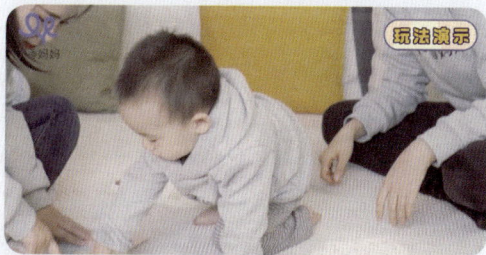

玩法演示

🎴 拓展玩法

把所有卡片背面朝上放在地板上，让宝宝翻开卡片，寻找指定的动物。

🔒 道具准备

3 ~ 5 张动物卡片。

🧩 游戏步骤

1. 把动物卡片正面朝上，在地板上呈"一"字排开。
2. 让宝宝寻找指定的动物卡片。
3. 改变卡片的排列顺序，再让宝宝寻找指定的卡片。
4. 把卡片叠成一摞，让宝宝一张一张地翻开卡片，找到指定的动物。

扫一扫
看视频

267

我爱刷牙

✓ 提高适应能力　✓ 养成良好的行为习惯

　　家长可以通过游戏的方式培养宝宝刷牙的意识。一开始，宝宝看到"牙齿"上的黑点点时，会感到不解，家长可以引导宝宝用牙刷去清理。这个游戏不仅可以锻炼宝宝的精细动作能力，还能帮助宝宝了解刷牙是个好习惯，让他更容易接受刷牙这件事。

🔒 道具准备

1 个密封袋、1 张湿纸巾、1 个小皮筋、1 张画纸、1 支彩笔。

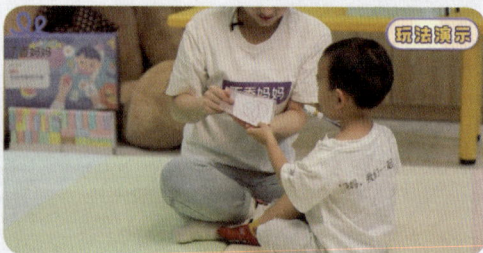
玩法演示

🧩 游戏步骤

1. 在画纸上画一张大大的嘴巴，嘴巴里面画满牙齿，将画好的画放入密封袋，然后把湿纸巾套在牙刷头上并用小皮筋固定。

2. 在密封袋内画纸上的牙齿的对应位置上，用黑色的彩笔点上一些"细菌"，给宝宝牙刷，让宝宝将"细菌"擦掉。

3. 家长边念童谣，边让宝宝配合童谣进行刷牙。

　　童谣：

　　"小宝宝，爱刷牙，上刷刷，下刷刷"（刷上牙和刷下牙），

　　"左刷刷，右刷刷，刷完牙齿白花花"（刷牙齿的左边和右边）。

⚠️ 注意事项

1. 一开始，家长可以引导宝宝完成刷牙的动作。

2. 如果宝宝不感兴趣，家长还可以让宝宝自己在牙齿上画小黑点。

扫一扫
看视频

第一次交换

● 理解交换的含义　● 提高社交能力

　　是时候带宝宝了解交换的概念了，这对提升宝宝的社交能力很重要。通过这个游戏，宝宝会明白只有把手中的玩具交给家长，他才能换到家长手中的玩具。在这个年龄段，并不适合教宝宝"分享"的概念，"交换"才是适合这个年龄段宝宝的"交友法则"。

🔒 道具准备

2 ~ 3 个玩具。

🧩 游戏步骤

1. 和宝宝面对面地坐在地板上。
2. 让宝宝拿 1 个玩具，家长也拿 1 个玩具，家长引导宝宝和自己交换玩具。
3. 如果宝宝还不能理解，家长可以先示范如何交换。
4. 交换完玩具之后，记得和宝宝拉拉手。

情绪小游戏

- ✓ 提高对情绪的认知　✓ 提高社交能力

　　认知情绪是管理情绪的前提。家长通过情绪卡片向宝宝介绍人类的各种表情，可以帮助宝宝分辨不同的情绪，了解面部表情与各种情绪之间的关系。你对各种表情的描述，也能丰富宝宝的词汇量，进而促进宝宝的语言能力和社会能力的发展。

🔒 道具准备

1 套情绪卡片。

🧩 游戏步骤

1. 家长和宝宝面对面坐在地板上。
2. 拿出某张情绪卡片，给宝宝描述卡片上的情绪，以及这种情绪出现的原因。你可以说："这张卡片代表的是不开心，那天宝宝的小车丢了，所以宝宝不开心。"

◀ 如果宝宝喜欢这个游戏，你不妨让他再试试 349 页的游戏"他怎么了"。

19 ~ 21

月龄及以上

我的小脚上有什么

◯ 增强身体柔韧性　◯ 增强平衡感

　　在这个阶段，宝宝走路走得已经很不错了，但是上下楼梯完成得还不好，主要原因是宝宝身体的柔韧性和平衡感不好。家长可以通过弯腰拾物的游戏，来锻炼宝宝的柔韧性和平衡感。可以适当增加拾物的难度，将贴纸贴在宝宝的脚背上，这样宝宝身体弯曲的程度会大幅度增加，需要宝宝具备更强的平衡能力。

📦 道具准备

若干张贴纸。

🧩 游戏步骤

1. 家长和宝宝面对面站在地板上。
2. 家长把贴纸贴在宝宝的双脚上，鼓励宝宝弯腰取下贴纸。或者让宝宝先把脚踩在椅子上，再弯腰把脚上的贴纸取下。
3. 让宝宝把取下的贴纸贴在家长的脚上。

◢ 如果宝宝喜欢这个游戏，你不妨让他再试试 204 页的游戏"我能自己捡起来"。

骑上我心爱的脚踏车 19 ~ 21 月龄及以上 大运动

✓ 锻炼下肢力量

　　虽然在这个时期宝宝已经走得很好了，但是他依然需要大量的腿部锻炼，为日后的跑跳做准备，因为很多复杂动作都需要宝宝具有良好的下肢力量才能完成。和宝宝脚对脚"蹬自行车"的游戏，不仅可以提升宝宝的腿部力量，还能让家长真切地感受到宝宝腿部的力量，了解宝宝的发育情况。

🎒 道具准备

不需要准备任何道具。

♣ 游戏步骤

1. 和宝宝脚对脚躺在地板或者爬行垫上。
2. 引导宝宝将双腿抬高，在空中和宝宝双脚相对，告诉宝宝："要开始骑脚踏车了！"
3. 像骑自行车一样，家长的左脚向后移动，右脚向前移动，引导宝宝的双脚也跟着移动。
4. 通过反复训练，让宝宝掌握骑脚踏车的腿部动作。

❗ 注意事项

不建议年龄较小的宝宝坐着玩这个游戏，容易造成宝宝后仰摔倒。

小刺猬

✔ 提高手眼协调能力　✔ 提升手部控制能力

　　这个游戏能够提高宝宝的手眼协调能力，充分发挥宝宝的想象力。在对物品进行艺术创作的过程中，宝宝不仅可以学会如何分辨物品的颜色、形状、材质，长时间的手工游戏还能锻炼宝宝的专注力。

🔒 道具准备

2～4根彩色吸管（或者棉签）、1把剪刀、1块黏土（或者面团）。

🧩 游戏步骤

1. 和宝宝一起坐在地板上。
2. 给宝宝一小团黏土或面团。
3. 家长把吸管剪成小段。
4. 引导宝宝把吸管尽可能多地插在黏土或面团上。
5. 当宝宝在黏土或面团上插满吸管后，要大声表扬宝宝。

🐾 拓展玩法

1. 可以用棉签代替吸管插在面团上。
2. 把棉签一分为二，扎在更小的黏土或面团上。
3. 还可以把棉签两端涂上颜色，做成彩色棉签。

🖈 如果宝宝喜欢这个游戏，你不妨让他再试试307页的游戏"可爱的河豚"。

扫一扫
看视频

站起来的纽扣

精细动作

✓ 增强手部控制力量　✓ 提高手眼协调能力

　　这个游戏可以锻炼宝宝的手部控制能力，提高宝宝的手眼协调能力。你只需要给宝宝准备好道具，给他演示应该怎么做，宝宝就能开心地玩上很久。如果家长能在游戏的过程中给宝宝描述扣子的颜色，还能帮助宝宝扩大词汇量。

🔒 道具准备

若干个纽扣、1 个双面胶。

♣ 游戏步骤

1. 家长和宝宝面对面坐在地垫上。
2. 把双面胶粘在桌子上或地垫上。
3. 引导宝宝将纽扣竖着贴在双面胶上，让纽扣立起来。
4. 等纽扣稳定了，引导宝宝把手松开。

🔗 拓展玩法

1. 在白纸上画出彩色的线条，沿着线条贴上双面胶。
2. 让宝宝拿着纽扣，贴在对应颜色的线条上，做出一条纽扣小路。
3. 拓展玩法还能帮助宝宝认识颜色。

小球进杯

● 锻炼口腔肌肉　● 提高语言能力

　　吹气与发音能力发展有着密切的关系，两个动作均需要通过嘴唇、舌头和下颚等口腔肌肉的相互协调来完成，所以吹气练习能强化宝宝的发音器官的控制能力，间接地提升宝宝说话的清晰度。如果宝宝喜欢玩吹纸条，那么他一定会喜欢这个游戏的。不过，吹乒乓球要比吹纸条难得多，需要多个口腔部位的完美配合。当宝宝把小球吹进杯中时，他会像射击运动员命中红心一样，激动不已。

玩法演示

🔖 拓展玩法

可以给杯子涂上不同颜色，让宝宝把乒乓球吹入指定颜色的杯子里。

📨 如果宝宝喜欢这个游戏，你不妨让他再试试308页的游戏"跳跃的小球"。

🎒 道具准备

4 ~ 6 个一次性纸杯、1 个胶带（或者双面胶）、1 个乒乓球、1 张小桌子。

🧩 游戏步骤

1. 沿着纸杯的侧面，把 4 ~ 6 个纸杯侧面用胶带固定在桌子沿上，让纸杯口向上。
2. 把乒乓球放在桌子上，给宝宝示范如何用力吹气，让乒乓球落入纸杯。
3. 让宝宝尝试把乒乓球吹入纸杯。

扫一扫
看视频

爬行毛毛虫

✅ 提高精准吹气的能力

吹气可以锻炼宝宝的口腔肌肉，提高宝宝的语言能力。长长的吸管可以将宝宝呼出的气流聚合到一起，形成更加集中的风力。当宝宝对着"毛毛虫"吹气时，"毛毛虫"会活灵活现地向前爬行，这会令宝宝感到有趣，笑个不停。

玩法演示

🎒 道具准备

1 张白纸、1 把剪刀、1 根吸管、1 张桌子、4 ~ 6 个一次性纸杯、1 个胶带。

🧩 游戏步骤

1. 用剪刀在白纸上剪 1 个细纸条。

2. 多次对折细纸条，折出 1 个"毛毛虫"，放在桌子上。

3. 引导宝宝用吸管对准"毛毛虫"吹气，让"毛毛虫"在桌子上"爬行"。注意吸管在宝宝口中的位置，避免戳伤。

🧩 拓展玩法

还可以在桌子沿上粘一排一次性纸杯，鼓励宝宝把"毛毛虫"吹进纸杯。

📍 如果宝宝喜欢这个游戏，你不妨让他再试试 162 页的游戏"吹纸条"。

扫一扫
看视频

278

咔嚓咔嚓

适应能力

☑ 提高想象力　　☑ 增强是非观念

在这个游戏中，宝宝需要把自己的双手想象成剪刀，结合生活经验，判断生活中哪些物品可以被剪断，哪些物品不可以被剪断。这个游戏可以增强宝宝的是非观念，锻炼宝宝的想象力。家长也可以趁这个机会给宝宝讲解生活中的规则，培养宝宝遵守规则的好习惯。

🔒 道具准备

若干张物品卡片。

🧩 游戏步骤

1. 让宝宝把自己的手想象成剪刀。
2. 拿出物品卡片，让宝宝判断什么东西可以被"咔嚓咔嚓"剪开，什么东西不能被剪开。
3. 带着宝宝一起观察生活中还有什么东西可以被剪断，什么东西不能被剪断。

探宝

✓ 提高触觉感知能力 ✓ 提高语言能力

在宝宝对自己的小玩具都非常熟悉后，家长就可以带他玩探宝的小游戏了。宝宝把手放进一个看不见的空间，只能通过触摸来感受玩具的形状，判断是什么玩具，这对宝宝来说就像探险一样。这个思考的过程可以充分提高宝宝的触觉敏锐度，锻炼他的空间想象能力。无论取出来的是不是指定的玩具，都会让他觉得非常有趣。

🔒 **道具准备**

1 个鞋盒、1 把剪刀、3 ~ 6 个玩具。

🧩 **游戏步骤**

1. 在鞋盒上剪出比宝宝拳头稍大一点的洞，同时也要保证宝宝能从洞中拿出玩具。
2. 把玩具放进盒子。
3. 和宝宝面对面坐在地板上，家长说出某个玩具名称，让宝宝从盒子里摸出相应的物品。
4. 当宝宝成功取出玩具时，要大声表扬并赞美宝宝。
5. 如果宝宝没有拿对玩具，也可以鼓励宝宝大声地说出那个物品的名字。

◢ 如果宝宝喜欢这个游戏，你不妨让他再试试 194 页的游戏 "袜子里有什么"。

我长大啦，我变小啦

适应能力

✅ 提高反应能力 ✅ 提高大运动能力

宝宝的具体形象思维，都是借助实物的形态来获得的。例如，通过大苹果和小苹果的对比，宝宝会理解"大"和"小"的抽象概念。当宝宝慢慢长大，家长还可以利用自己身体动作的变化，帮助宝宝理解"变大"和"变小"的抽象概念。这个游戏还能很好地帮助宝宝舒展身体，促进血液的流动。

🔒 道具准备

不需要准备任何道具。

♣ 游戏步骤

1. 家长给宝宝做示范，当听到"我长大啦"的时候，家长要向上伸出双臂，并向上跳起来。当听到"我变小啦"的时候，家长要立刻蹲下，双手交叉放在胸前。
2. 家长喊出口令，让宝宝做出正确的动作。

🐾 拓展玩法

当宝宝熟悉游戏后，改变规则，让宝宝做出与口令相反的动作。

"我长大啦"：立刻蹲下，双手交叉放在胸前。

"我变小啦"：伸出双臂，向上跳起。

扫一扫
看视频

我哪里变啦

● 增强自我意识　● 提高观察能力

在这个游戏中，你可以向宝宝描述你和他的装扮，宝宝在这个过程中会学到很多新词语。宝宝戴上帽子后，他也会意识到自己装扮的变化，这有助于提高宝宝的观察力。观察力的培养可以促进宝宝的感知、记忆、思维、想象等各种能力的发展。

🔒 道具准备

1 顶宝宝帽子、1 面镜子。

✿ 游戏步骤

1. 先抱着宝宝站在镜子前，让宝宝观察自己的样子。
2. 抱着宝宝转过身，给他戴上帽子，再转回来，让宝宝在镜子里观察自己哪里变化了。
3. 当宝宝说出或指出自己变化的地方时，大声表扬宝宝。

🎲 拓展玩法

1. 让宝宝在镜子面前尝试给自己戴帽子。
2. 准备其他小装饰，如丝巾、袜子，引导宝宝打扮自己。

✐ 如果宝宝喜欢这个游戏，你不妨让他再试试 214 页的游戏"镜子镜子告诉我"。

划小船

✅ 提高社会行为能力　✅ 增强上肢力量

在这个游戏中，家长可以和宝宝一起进入想象的空间，地板就是平静清澈的湖水，你们坐在一艘小船上，一起拿着一根长长的"船桨"，一起跟着节奏摆动胳膊。玩这个游戏会让宝宝感到非常开心，让他体验到合作的快乐，同时也能增强宝宝的上肢力量。

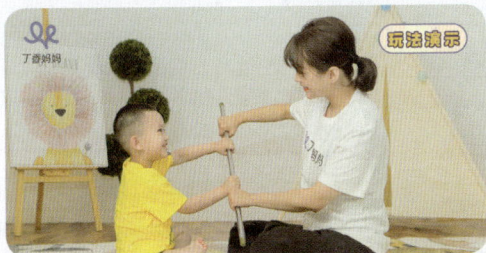

玩法演示

🔒 **道具准备**

1 根棍子（家里的擀面杖也可以）。

♣ **游戏步骤**

1. 家长与宝宝坐在地板上，宝宝背对家长坐在家长的双腿中间。
2. 家长和宝宝一起各自用双手握住棍子，跟随音乐的节奏，前后打圈晃动胳膊。

❗ **注意事项**

1. 准备的棍子不要太粗，以免宝宝握不住。
2. 游戏中要和宝宝有语言和眼神上的互动，增加游戏的趣味性。
3. 如果家里没有棍子，家长也可以直接拉着宝宝的小手，进行游戏。

📧 如果宝宝喜欢这个游戏，你不妨让他再试试 142 页的游戏"拉大锯"。

扫一扫
看视频

我能等一等

☑ 提高社会行为能力　☑ 提高秩序感和数学感知能力

　　"学会等待"是宝宝的一门必修课，是培养宝宝社会性的重要环节。想要让宝宝理解等待的含义，就必须先让他明白时间的概念，领会因果的关系。家长可以通过数数的方式，帮助宝宝理解时间，再通过把念出特定数字的事件 A 与拿出玩具的事件 B 联系在一起，帮助宝宝理解需要经过短暂的等待才能玩到自己心爱的玩具。

玩法演示

🔒 道具准备

1 个玩具小汽车、1 个玩具猫、1 个玩具狗。

♟ 游戏步骤

1. 和宝宝面对面坐在地板或者爬行垫上，家长将玩具猫藏在背后，请宝宝坐好不要动。
2. 用夸张的语气数到 "2" 后，就将玩具猫拿出来给宝宝看。
3. 请宝宝在地板或者爬行垫上坐好，家长将玩具小汽车再次藏到身后，数到 "3" 后，再将玩具小汽车拿出来，让宝宝玩一会儿。
4. 等宝宝学会等待以后，可以适当放慢数数的速度，锻炼宝宝的耐心。

❗ 注意事项

1. 数数的时候可以伸出手指计数。
2. 给宝宝适当的鼓励，增强他的自信心。
3. 刚开始宝宝还没有建立良好的秩序感，还不能等待足够长的时间，家长可以数得快一点，并用手指表示数字吸引宝宝的注意力。

扫一扫
看视频

22 ~ 24

月龄及以上

摔跤大赛

● 更好地控制上肢，增强上肢力量

在闲暇的时间里，家长和宝宝可以一起玩儿这个简单的手指游戏，不需要任何工具，只要伸出手就可以了。这个游戏能够提升宝宝的精细动作能力和上肢的力量。家长可以故意输给宝宝，让他体验到胜利的喜悦，这有利于增加宝宝的自信心。

🔒 道具准备

不需要准备任何道具。

♣ 游戏步骤

1. 和宝宝一起伸出大拇指。
2. 家长和宝宝的大拇指对在一起，相互推压，看谁能把对方的拇指压倒。
3. 记得一定要输给宝宝。

❗ 注意事项

如果宝宝不会"拇指摔跤"，可以换成"手掌摔跤"或者"手腕摔跤"。

🎲 拓展玩法

1. 把大拇指和小拇指都伸出来，对在一起，进行摔跤比赛。
2. 在家长和宝宝的小拇指上套一个圆环，能够把对方的手指压倒，又可以保持小圆环不掉才算赢。

杯子运动会

● 提高身体平衡能力

　　这个阶段的宝宝已经学会走路了，下一个要面临的问题就是如何走得更稳。跨越或者绕过障碍物，对宝宝来说是一个挑战，但是也可以帮助宝宝学会如何保持身体的平衡，提高行走的能力。家长可以按照宝宝的成长规律，设置障碍，规定路线，不断提高行走游戏的难度。

🔒 **道具准备**

多个一次性纸杯。

🧩 **游戏步骤**

1. 把纸杯呈"一"字形摆在地板上，每两个杯子间隔 1 米左右。
2. 带着宝宝绕着杯子沿"S"形行走。
3. 让宝宝自己绕着杯子沿"S"形行走。
4. 也可以让宝宝想办法跨过障碍物。

🎏 **拓展玩法**

缩短杯子间距，最短的间距可以在 30 厘米左右，让宝宝体验急速转弯。

纸杯保龄球

◉ 增强四肢力量　◉ 提高精准投掷能力

每个宝宝都是天生的探索家。在 2 岁前，宝宝通过动作认识世界要先于思考。宝宝把东西扔出去之后会仔细观察并且寻找它，这正是宝宝探索因果关系的表现。这个游戏可以帮助宝宝提高手眼协调能力，理解因果关系，对宝宝的成长有重要意义。

🔒 道具准备

多个一次性纸杯、1 个小球。

★ 游戏步骤

1. 把纸杯倒扣，搭成"金字塔"形状。
2. 家长先做示范，用小球击中纸杯。
3. 家长握住宝宝的手，引导他投掷小球。
4. 反复训练，直到宝宝能自己击中纸杯。

🧩 拓展玩法

1. 让宝宝数一数击中了几个纸杯。
2. 在纸杯上标上分数，击中纸杯后算一算总得分是多少。

衣架总动员

☑ 提高精细动作能力　☑ 增强手部动作稳定性

　　"挂衣架"这个动作，需要宝宝具备更强的手眼协调能力。拿起相对较大的衣架，也能增强宝宝的手部肌肉力量。在这个游戏中，家长可以先给宝宝演示如何挂衣架，然后让宝宝模仿家长的动作，等宝宝掌握了这个动作，就能帮家长分担一部分家务了！

🔒 道具准备

若干个晾衣架。

♟ 游戏步骤

1. 准备一些边缘光滑的晾衣架。
2. 让宝宝找一找家里可以挂晾衣架的地方，例如桌子上、椅子上，甚至家长的胳膊上。
3. 如果宝宝对这个游戏没有兴趣，家长可以先给宝宝做演示。

🎰 拓展玩法

可以让宝宝学习利用衣架晾衣服，掌握更多的生活技能。

纸杯运球

精细动作

● 提高手部控制能力　　● 增强手部动作稳定性

在这个阶段，一些宝宝在拿着东西行走时，会摇摇晃晃的。如果你的宝宝也存在这种情况，不妨通过这个游戏来锻炼一下他的平衡能力吧。蹲下取绒球和手握绒球行走，都能锻炼宝宝的平衡能力。在游戏进行时，家长可以在旁边呐喊助威，让宝宝玩得更有动力！

🎒 道具准备

1 个绒球、若干个一次性纸杯。

🧩 游戏步骤

1. 把一次性纸杯倒扣在地板上。
2. 在第一个纸杯中放 1 个绒球。
3. 指导宝宝拿起第一个纸杯，然后把绒球放入第二个纸杯里，直到将绒球运到最后一个纸杯中。
4. 等宝宝熟练掌握后，可以让宝宝运 2 个绒球。

🐾 拓展玩法

增加两个杯子的距离至 4 ～ 5 米，让宝宝一边走路一边运球，增强宝宝保持身体平衡的能力。

✈ 如果宝宝喜欢这个游戏，你不妨让他再试试 337 页的游戏"脑袋运球"。

扫一扫看视频

潜水艇

● 提高双手抓握的能力　● 增强手部力量　● 帮助宝宝认识浮力

　　宝宝天生的好奇心会让他对一切事物充满探索欲。一艘自制的"潜水艇"在矿泉水瓶里升升降降，可以让宝宝快乐一整天。这个游戏不仅能锻炼宝宝的双手，提高他的专注力，还能让宝宝对"浮力"有初步的认识。

🔒 道具准备

1 个大矿泉水瓶、1 个玻璃小药瓶（能被投入矿泉水瓶）。

🧩 游戏步骤

1. 家长在矿泉水瓶里装 3/4 的水，在小药瓶里装一半的水。
2. 把小药瓶倒着投入矿泉水瓶，药瓶会浮在水上面，盖紧矿泉水瓶盖。
3. 家长给宝宝演示，双手在矿泉水瓶的瓶口下方挤压，小药瓶会下沉，松开手，小药瓶会浮起来。
4. 引导宝宝尝试挤压矿泉水瓶，让药瓶下沉。

🎲 拓展玩法

告诉宝宝由于浮力的存在，药瓶会浮起来、沉下去，增强宝宝对浮力的认知。

扫一扫
看视频

说一说，猜一猜

☑ 提高语言和物品的联系能力

宝宝在两岁后会进入语言的爆发期，而在此之前，家长要注意在和宝宝说话时，尽量使用更丰富、更多样化的词语。这个游戏能帮助宝宝把物品的名称和实物对应起来，家长的描述可以丰富宝宝的词汇量，提升宝宝的语言理解能力和表达能力，这对宝宝未来学习阅读和写作都非常有好处。

玩法演示

🔒 道具准备

3 ~ 5 个宝宝熟悉的玩具。

♣ 游戏步骤

1. 家长和宝宝面对面坐在地板上。
2. 把一些玩具放在宝宝面前。注意不要放新玩具，因为宝宝会完全被新玩具吸引。
3. 家长用语言描述其中某个玩具的样子，让宝宝拿出对应的玩具。
4. 如果宝宝拿对了，要大声表扬并赞美宝宝。

🐾 拓展玩法

等宝宝再大些，可以让宝宝转过身，在他身后拿一件物品进行特征描述，让他猜物品是什么。

✈ 如果宝宝喜欢这个游戏，你不妨让他再试试 267 页的游戏"我能找得到"。

五官贴纸

- 提高对五官的认知能力　● 提高语言能力

宝宝对五官的认知，从新生儿时期就开始了。那时候宝宝的认知还局限在"这是属于我身体的一部分"，他并不清楚五官的名称和作用。宝宝两岁后，家长可以通过贴纸游戏的方式，带宝宝了解五官是什么，分布在脸上的哪个位置。

🔒 道具准备

1 ~ 2 张白纸、1 支彩笔、1 把剪刀、1 个胶水（或者双面胶）。

🧩 游戏步骤

1. 在白纸上简单画出五官的形状，用剪刀剪下五官。
2. 让宝宝拿着图形，告诉家长五官的名称。
3. 如果宝宝能说出五官的名称，一定要大声赞美宝宝。

🎲 拓展玩法

用彩笔在白纸上再画一个人脸，让宝宝把剪下来的五官纸片贴在人脸上。

找颜色

● 提高颜色分辨能力

刚开始带宝宝认识颜色的时候，一定要遵守三个原则：第一，使用标准的颜色；第二，对应实物介绍；第三，多次重复。这样做可以保证宝宝对颜色的认知是准确无误的。这个游戏可以锻炼宝宝的听觉反应能力、颜色分辨能力，帮助宝宝将颜色和实物联系起来，增强宝宝的认知能力。

玩法演示

🔒 **道具准备**

若干张物品卡片。

✖ **游戏步骤**

1. 和宝宝面对面坐在地垫上，把物品卡片放在宝宝面前。

2. 选一些有颜色的物品卡片，向宝宝提问，然后让宝宝找到相应的物品。例如，你可以说："宝宝，你能找到红色的苹果吗？"

3. 如果宝宝找到正确的卡片，要大声赞美宝宝。

🎋 **拓展玩法**

1. 带宝宝在家里或小区里观察，让宝宝寻找指定颜色的物品。

2. 和宝宝比赛谁找得快，注意要输给宝宝。

✈ 如果宝宝喜欢这个游戏，你不妨让他再试试343页的游戏"颜色恰恰"。

纸片的家

✅ 提高解决问题的能力　✅ 提高观察力

　　这个游戏需要宝宝有敏锐的观察力，良好的手眼协调能力，以及分辨物体形状的能力。对于宝宝来说，这就是图形版的"谜语小游戏"，宝宝需要对纸片的轮廓进行仔细的观察和思考，才能解开谜团。思考的过程可以很好地锻炼宝宝解决问题的能力，还可以让宝宝学会辨别形状，学会分类。

玩法演示

🔒 道具准备

1 支彩笔、1 把剪刀、1～3 张白纸、2～3 张彩纸（或者用白纸涂色代替）。

♣ 游戏步骤

1. 剪出 4～5 个不同形状的纸片，最好是不规则的形状。
2. 把剪下来的纸片放在另一张白纸上，沿着纸片勾勒出轮廓。
3. 把纸片交给宝宝，让宝宝按照白纸上的轮廓进行配对。
4. 反复训练，直到宝宝能成功配对 3 张以上的纸片。

🐾 拓展玩法

1. 把 2～3 张白纸叠放在一起，1 次剪出几张相同形状的纸片，将纸片分别涂成不同的颜色。
2. 在一张白纸上用与某张纸片相同的颜色勾勒出该纸片的形状，再随机画出其他不同形状。
3. 把刚才剪下的纸片交给宝宝，让宝宝找出和白纸上形状、颜色都一致的那张纸片。

✈ 如果宝宝喜欢这个游戏，你不妨让他再试试 364 页的游戏"扑克对对碰"。

这是什么味道

☑ 提高味觉感知力　☑ 提高记忆力

　　当宝宝对不同的食物表现出喜恶的时候，就说明宝宝具有一定的味觉分辨能力了。在这个游戏中，通过品尝各种味道的调料，可以促进宝宝味觉、嗅觉的发展。家长别忘了向宝宝描述这些味道，这能扩大宝宝的词汇量，让宝宝将味道和实物联系起来。

🔒 道具准备

2 ~ 3 种调味料（例如盐、糖、酱油、醋）。

🧩 游戏步骤

1. 准备不同种类的调味品，用筷子蘸一点放在宝宝舌尖，让宝宝尝一尝不同调料的味道。

2. 让宝宝通过味觉认知各种调味品。

3. 可以试着引导宝宝描述尝到了怎样的味道。

🎲 拓展玩法

不让宝宝看到调料，只用舌尖尝一下，猜出调料的名称。

喝掉大咕咚

✓ 提高宝宝对喝水的兴趣

很多好习惯都可以通过游戏来培养,比如爱喝水。在喝水的时候,喉咙里会发出"咕咚咕咚"的响声,因此我们可以利用宝宝的好奇心,把喝水描述成在"打怪兽"。当喝水变成"打怪兽"小游戏后,就不再是宝宝抗拒的事情了。

🔒 道具准备

1 杯饮用水。

✿ 游戏步骤

1. 和宝宝一起坐在地垫上。
2. 把水杯放在宝宝面前。
3. 告诉宝宝水里有一只叫"大咕咚"的怪兽,引导宝宝喝掉它。
4. 当宝宝咽水的时候,家长可以靠近宝宝,假装认真听的样子。
5. 告诉宝宝怪兽"大咕咚"被喝下去了,并表扬宝宝做得很好。

🔗 拓展玩法

还可以在宝宝吃饭、刷牙的时候创造一个"怪兽",让宝宝通过吃饭、刷牙等事情打败怪兽,增加宝宝对这些事情的兴趣。

排队玩

✓ 增强对规则和等待的理解

　　游戏带给宝宝的，不只是快乐，玩游戏也是他感受世界的过程。在这个阶段，宝宝更加关注同龄人，也开始建立社交关系。在那之前，有必要让宝宝掌握一些基础的社交规则。

玩法演示

🔒 道具准备

3 ~ 6 个动物玩偶。

🧩 游戏步骤

1. 让宝宝站在地垫上。
2. 把玩偶散乱地放在宝宝面前。
3. 告诉宝宝他是游乐场管理员，需要引导地上的玩具排好队。
4. 引导并帮助宝宝将散乱的玩偶排好队，让玩具有秩序地进入游乐场。

🔗 拓展玩法

还可以在队伍里加入一只插队的小动物，引导宝宝判断插队行为的好坏，帮宝宝建立正确的排队意识。家长可以这样说："小豹子插到前面去了，它这样做对吗？"如果宝宝说不可以，可以夸奖宝宝："宝宝你说得很对，插队是不对的行为，我们要禁止。"

📄 如果宝宝喜欢这个游戏，你不妨让他再试试 145 页 的 游戏 "动物排排坐"。

扫一扫
看视频

25 ~ 27

月龄及以上

小马送书

✓ 提高平衡能力　　✓ 提高协调能力

当你看到宝宝爬得有模有样时，就说明他已经熟练地掌握了这项运动技能，是时候给宝宝提高爬行的难度了。在这个游戏中，宝宝必须克服眼前的障碍，跨越"小河"，同时保证身上的书不掉下来。这个游戏能锻炼宝宝的平衡能力、协调能力，以及大运动能力，还可以培养宝宝的耐心。

🔒 **道具准备**

1 本书、1 条毛巾。可以用适合运送的玩具代替书。

🧩 **游戏步骤**

1. 让宝宝四肢着地，趴在地板上。
2. 在宝宝背上放 1 本书，在宝宝面前放 1 条毛巾，代表小河。
3. 在河对岸呼唤宝宝，让宝宝越过毛巾把书运送过来。
4. 可以变换运送物品的种类。

❗ **注意事项**

1. 刚开始家长可以给宝宝做示范，并露出开心的笑容，吸引宝宝加入游戏，宝宝会非常配合。
2. 还可以和宝宝比赛，但注意一定要输给宝宝。

➤ 如果宝宝喜欢这个游戏，你不妨让他再试试 219 页的游戏"小熊荡悠悠"。

🧩 **拓展玩法**

可以创造障碍物，例如，在宝宝面前放一个靠垫或枕头，让宝宝翻过障碍物的同时，保持背上的书不掉下来。

小飞机

● 提高身体控制能力

　　随着宝宝的成长，他会越来越熟悉自己的身体，越来越会控制身体的每一个部位。但是在这个阶段，家长还不能松懈对宝宝肌肉的训练，尤其是对腰腹部核心力量的训练，因为良好的腰腹部力量可以帮助宝宝更好地控制自己的小手小脚，保持身体的平衡。

🎒 道具准备

不需要准备任何道具。

♣ 游戏步骤

1. 让宝宝俯卧在爬行垫上。
2. 指导宝宝把头高高抬起，胳膊和双腿都向上抬起。
3. 反复训练，鼓励宝宝保持静止的状态 10 秒左右。

🎲 拓展玩法

家长模仿风来了，向宝宝吹气，宝宝被吹得左摇右晃。大风停止的时候，宝宝再保持静止的状态。拓展玩法可以等宝宝快三岁的时候玩。

我是小树懒

✔ 增强四肢力量

让宝宝模仿小树懒挂在家长身上，紧紧贴在家长的胸前，这个游戏可以带给宝宝安全感，增进亲子关系。当家长把手慢慢松开时，宝宝为了不让自己掉下去，会用尽全身力气抱住家长，这也能增强宝宝的四肢力量。

🔒 **道具准备**

1 张垫子（或在床上进行）。

🧩 **游戏步骤**

1. 家长双膝跪在垫子上，双手抱住宝宝的后背。
2. 让宝宝双手抱住家长的脖子，双腿夹住家长的身体，像树懒一样挂在家长身上。
3. 等宝宝抱紧家长后，家长可以慢慢松开双手，保持这个姿势 5 秒以上。

扫一扫
看视频

❗ **注意事项**

1. 时刻观察宝宝的状态，保证宝宝的安全。
2. 可以在宝宝的身体下面放一个柔软的枕头或被子，保证宝宝掉下去也不会受伤。

🐾 **拓展玩法**

1. 如果宝宝可以稳稳地挂在家长身上，家长可以缓慢地向前、向后、向左、向右做小幅度的移动。
2. 等宝宝再大一些，可以让宝宝吊在家长身上，家长在房间里爬行。

✈ 如果宝宝喜欢这个游戏，你不妨让他再试试 320 页的游戏"大吊车"。

鸡蛋大赛

● 提高精准对击的能力　● 提高手部精细动作能力

在宝宝每日的早餐中，鸡蛋是必不可少的。如果把鸡蛋变成日常小游戏的道具，不仅可以让宝宝爱上吃鸡蛋，还可以锻炼宝宝手部精细动作的能力。轻轻撞击鸡蛋会发出声音，重重撞击鸡蛋会破裂，这个游戏可以让宝宝了解因果关系。当把最坚硬的那颗鸡蛋奖励给宝宝的时候，他可能会认为这就是世界上最好吃的鸡蛋！

🔒 道具准备

几个熟鸡蛋。

♣ 游戏步骤

1. 吃早餐的时候准备几个熟鸡蛋。
2. 让宝宝拿着鸡蛋两两对击。
3. 淘汰击碎的鸡蛋，留下其中最坚硬的那个鸡蛋作为给宝宝的奖励。

🐾 拓展玩法

吃早餐的时候可以让宝宝自己剥鸡蛋壳，发展手部精细动作能力。

如果宝宝喜欢这个游戏，你不妨让他再试试112页的游戏"瞄准！对击"。

可爱的河豚

- ⊘ 提高手眼协调能力　⊘ 增强对立体图形的探索和认知

用简单的黏土、面团及棉签，就能锻炼宝宝的想象力和精细动作能力了。制作小河豚的过程，还能让宝宝感受不同物品的不同触感，增强宝宝对物品的认知能力。

玩法演示

🔒 道具准备

若干根棉签、1个面团（可以用黏土代替）、若干根彩色粗吸管（可容纳棉签插入）。

🧩 游戏步骤

1. 把面团或黏土团成圆球交给宝宝。
2. 把每支棉签一分为二，让宝宝把棉签尽可能多地插到圆球上。注意棉签边缘一定要是光滑的。

❗ 注意事项

1. 棉签边缘一定要是光滑的。
2. 游戏过程中时刻关注宝宝的动作，以防宝宝受伤。

🎲 拓展玩法

当宝宝做出一只河豚时，给宝宝几节1厘米左右长的彩色吸管，让宝宝把吸管套在棉签上，做出一只彩色河豚。

◢ 如果宝宝喜欢这个游戏，你不妨让他再试试275页的游戏"小刺猬"。

跳跃的小球

● 锻炼口腔肌肉　　● 提高发音能力

　　排除遗传因素和环境因素，如果宝宝说话不够清晰，很有可能是他的口腔肌肉发育不良。不妨试试这个小游戏吧，用嘴吹出杯中的小球，可以锻炼宝宝的口腔肌肉，进而提高宝宝的发音能力。当圆圆的乒乓球被宝宝成功吹出，乒乒乓乓地在地上跳跃时，一定会引得宝宝为此欢呼的。

🔒 道具准备

1 ~ 5 个一次性纸杯、水、1 个乒乓球。

♣ 游戏步骤

1. 家长和宝宝一起坐在地垫上。
2. 在一次性纸杯里装满水，放入乒乓球。
3. 家长给宝宝示范对着乒乓球吹气，把乒乓球吹出纸杯。
4. 让宝宝自己把乒乓球吹出去。当宝宝能成功吹出乒乓球时，家长要大声表扬宝宝。

🎲 拓展玩法

1. 把 3 ~ 5 个纸杯一字摆开，彼此挨着放在桌子上，倒满水。
2. 在第一个杯子里放入乒乓球，引导宝宝把乒乓球吹入第二个杯子里，以此类推，直到宝宝把乒乓球吹到最后一个杯子里。

✐ 如果宝宝喜欢这个游戏，你不妨让他再试试 341 页的游戏"吸管赛道"。

扫一扫
看视频

倒背如流

● 提高语言能力

两岁的宝宝，对字与词之间的关系会有初步的了解。这时家长可以多和宝宝玩一些词汇游戏，提高宝宝对学习新词的兴趣。例如，倒着说词语。刚开始宝宝可能会反应不过来，通过反复训练，宝宝能在 5 秒内倒着说出词语。这个游戏可以让宝宝了解更多的生词，提高宝宝的反应能力。

玩法演示

🔒 **道具准备**

不需要准备任何道具。

🧩 **游戏步骤**

1. 和宝宝面对面坐在地垫上。
2. 家长向宝宝介绍游戏规则：家长说词语，让宝宝把词语倒着说出来。例如，家长说"雨伞"，宝宝要说出"伞雨"。
3. 当宝宝说出正确的答案时，要大声表扬宝宝。

🎲 **拓展玩法**

等宝宝 3 岁左右，可以和宝宝玩词语接龙的游戏，例如"杯子、子女、女孩"。

309

改错大王

✓ 增强是非观念　✓ 提高语言能力

　　两岁以后是给宝宝建立"是非观"的重要时期，家长的言传身教显得格外重要。这个时候宝宝开始慢慢能够区分什么事情是错的，什么事情是对的，家长也可以故意制造一些错误，让宝宝"挑错"，这能让宝宝对自己更有信心。

🔒 **道具准备**

若干张物品卡片。

🧩 **游戏步骤**

1. 和宝宝面对面坐在地板上。
2. 给宝宝展示物品卡片，介绍物品时，要故意说错一个地方，让宝宝找出错误。例如，拿着蛋糕卡片说："妈妈看到这个蛋糕，不洗手就直接抓起来吃，这样做对吗？"

🧩 **拓展玩法**

等宝宝语言能力再强一些，还可以引导宝宝思考，想一想出现错误以后，正确的做法是什么。

我是谁

◉ 提高部分联系整体的能力

两岁后的宝宝会逐渐理解部分和整体之间的关系，大脑储存和检索记忆的能力也更强了。在这个阶段，家长可以向宝宝展示图片或实物的一部分，让宝宝猜猜整个物品是什么。最好能用宝宝熟悉的物品卡片做游戏，例如几张动物的卡片。当宝宝检索记忆，说出动物的名称时，家长还可以模仿这种动物的叫声，让宝宝对这个游戏充满兴趣。

玩法演示

🔒 道具准备

3 ~ 10 张动物卡片。

🧩 游戏步骤

1. 给宝宝迅速展示一遍动物卡片。
2. 挑出其中一张卡片，遮住大部分图案，只露出一小部分图案。
3. 让宝宝根据动物的部分身体，猜出动物的名称。

🎲 拓展玩法

把卡片换成家中的其他物品，用毛巾或布遮住大部分，让宝宝根据剩下的小部分推测物品是什么。

✈ 如果宝宝喜欢这个游戏，你不妨让他再试试313 页的游戏"照相馆"。

玩偶打地鼠

✓ 锻炼反应能力

打地鼠这个小游戏，能够锻炼宝宝的反应速度，提高手眼协调能力。地鼠不同的移动速度，还能帮助宝宝理解"快"与"慢"的概念。

玩法演示

🛡 道具准备

1 个大纸板（足够剪出 9 个玩偶头围大小的洞）、1 把剪刀、1 个小玩偶。

🧩 游戏步骤

1. 在纸板上剪出 9 个能放进玩偶头部的小洞。
2. 家长一手拿住纸板，一手拿着玩偶从纸板上的洞口伸出头部。
3. 让宝宝击打探出脑袋的玩偶。
4. 注意刚开始的速度不要太快，玩偶在每个洞口停留 2 秒左右。
5. 反复训练，直到宝宝能够连续击中 5 次以上。

♻ 拓展玩法

准备两个玩偶，其中一个是炸弹，告诉宝宝只能打地鼠，不能打到炸弹。

扫一扫
看视频

照相馆

☑ 提高记忆力　☑ 提高解决问题的能力

　　大脑的图像记忆功能，可以让宝宝在看过一张图片的数秒后，仍然记得图片的大致信息，即使这张图片不在宝宝眼前。根据这个特性，家长可以让宝宝在众多图片中，找出他见过的那张，这能锻炼宝宝的短时记忆力。

玩法演示

🔒 **道具准备**

1 套动物卡片。

✿ **游戏步骤**

1. 把 2 张动物卡片交给宝宝仔细观察，接着告诉宝宝："这两只小动物要照一张照片，照片就保存在你的小脑袋里。"

2. 把 2 张卡片放回卡片堆，把所有的卡片依次排开，摆在宝宝面前。

3. 让宝宝找出刚才的 2 张动物卡片。

🔗 **拓展玩法**

1. 拿出 3 张动物卡片，放在宝宝面前。

2. 让宝宝记住这 3 张卡片的位置。

3. 调换卡片的位置，让宝宝尝试复原 3 张卡片的位置。

➤ 如果宝宝喜欢这个游戏，你不妨让他再试试 311 页的游戏"我是谁"。

扫一扫
看视频

模仿游戏

● 提高精准做表情和动作的能力　● 提高社会行为能力

　　模仿是宝宝的天性，也是宝宝学习的开始。宝宝在 1 岁以后，会特别热衷于模仿其他人的动作或声音。在模仿的过程中，宝宝的观察力和理解力都会得到提高，这对宝宝的发展非常重要。

玩法演示

🔓 道具准备

不需要准备任何道具。

✿ 游戏步骤

1. 家长和宝宝面对面坐在地垫上。
2. 家长先做表情，让宝宝跟着做相同的表情，例如不开心地皱眉头。
3. 家长还可以站起来做动作，例如跺跺脚、弯腰等，让宝宝进行模仿。
4. 当宝宝正确模仿出表情或者动作时，要大声表扬宝宝。

🐾 拓展玩法

家长还可以连续做几个动作，让宝宝一起模仿出来，锻炼宝宝的短时记忆力。

害怕！走开

● 提高战胜恐惧的能力 ● 提高社会行为能力

宝宝在两岁前后，经常会害怕某样东西，这是很正常的。这个游戏或许可以帮助宝宝克服恐惧心理。

🔒 **道具准备**

1个盒子。

🧩 **游戏步骤**

1. 当宝宝因为害怕鬼等虚幻事物而无法入睡的时候，家长可以用夸张滑稽的语言给宝宝描述出那个事物的样子。例如，告诉他："小鬼长着弯曲的卷毛，一个猪鼻子，鼻子上还冒着粉色的鼻涕泡。"
2. 不断练习，直到宝宝不再感到害怕。

🎲 **拓展玩法**

1. 准备一个盒子，当作恐惧收纳盒。
2. 当宝宝害怕一件事物的时候，引导宝宝把他害怕的事物装进盒子里，盒子关起来，藏好。
3. 通过心理暗示，让宝宝战胜恐惧。

男孩女孩

✅ 增强对性别的区分意识

两岁左右的宝宝，能够意识到性别的不同，一些宝宝还能正确分辨出照片中人物的性别。不过，他们主要是根据人物的发型和穿着进行判断的。平时家长可以多给宝宝描述男孩女孩的不同，丰富宝宝的词汇量，加深他对性别差异的理解。例如，告诉他："你是男宝宝，男宝宝要去男厕所。"

🎒 **道具准备**

1 本旧绘本（带有人物）、1 把剪刀。

🧩 **游戏步骤**

1. 从旧杂志或旧绘本上剪下一些人物图片。
2. 让宝宝把剪下的人物图片，按照男孩和女孩进行分类。
3. 向宝宝提问分类的依据。也可以给宝宝描述男孩和女孩的不同特点。

🎨 **拓展玩法**

还可以从绘本上剪下一些衣服、裤子、鞋子等，让宝宝用剪下的衣物打扮人物，提高宝宝的审美能力。

28 ~ 30

月龄及以上

我是小考拉

● 提高身体平衡能力

宝宝很喜欢被家长抱着、背着，这种可以紧密地贴在家长身上的方式会让他有安全感。可以让宝宝化身为小考拉，让他抱住家长的腿，体验与众不同的移动方式。有趣的同时还能锻炼宝宝的大运动能力。

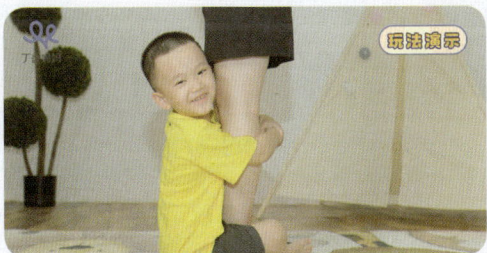

🔒 **道具准备**

不需要准备任何道具。

🧩 **游戏步骤**

1. 让宝宝坐在家长的脚背上，双手和双腿环抱住家长的小腿，像小考拉一样。
2. 家长带着宝宝在房间里走一走。这个游戏更推荐爸爸带着宝宝玩，因为爸爸的力气比较大。

⚠️ **注意事项**

1. 行走的速度不要太快，动作的幅度要小，保证宝宝处于舒适状态。
2. 要在家里相对空旷的地方进行，避免磕碰到宝宝。

大吊车

✓ 增强四肢力量

这种向上牵引的游戏非常受小宝宝的欢迎。在这个游戏中，如果宝宝能依靠双手把自己吊在半空中，就说明宝宝的上肢力量比较强，已经可以承受身体的重量了，这是一个非常好的信号。

🔒 道具准备

1 根结实的棍子。

♣ 游戏步骤

1. 让宝宝站在垫子上，把棍子横着递给宝宝。
2. 让宝宝双手紧握棍子中间，家长握住棍子两端。
3. 家长轻轻向上提棍子，让宝宝的脚离开地面 5 厘米左右，保持静止 10 秒。

♣ 拓展玩法

1. 家长握住棍子两端，让宝宝双手握住棍子中间，吊在棍子上。
2. 同时让宝宝双腿之间夹住某个玩偶，带着宝宝在屋子里走一走。
3. 宝宝既要保证自己不掉下来，还要保证玩偶不掉下来。

➤ 如果宝宝喜欢这个游戏，你不妨让他再试试 305 页的游戏 "我是小树懒"。

扫一扫
看视频

我能甩得掉

● 提高身体控制力

　　活泼好动是宝宝的天性，家长会好奇，为什么他每天都可以能量满满地跑来跑去。在这个阶段，家长可以多带宝宝玩一些消耗体力的大运动游戏，例如，和宝宝一起甩掉贴在身上的便利贴。为了甩掉便利贴，宝宝会蹦跳、转圈、挥舞手臂，甚至还可能会在地上滚来滚去，这些都能够提高宝宝的大运动能力。

🔒 **道具准备**

若干张便利贴纸。

🧩 **游戏步骤**

1. 把便利贴贴在宝宝的身体上。
2. 先给宝宝示范怎样甩动身体，才能甩掉便利贴。
3. 让宝宝自己把身上的便利贴甩掉，注意不能用手撕掉。
4. 反复训练，让宝宝尽量做到 30 秒内甩掉 3 片以上的贴纸。

🔗 **拓展玩法**

1. 可以把便利贴纸贴在家长身上。
2. 家长四处跑动，宝宝在后面追赶，撕掉家长身上的便利贴贴纸。

321

左手右手开火车

精细动作

⊘ 提高手眼协调能力　⊘ 提高专注力

　　这个游戏可以锻炼宝宝的手眼协调能力，不同颜色的路线还可以吸引宝宝的注意力。如果宝宝觉得这个游戏有点难，请家长耐心地鼓励他。

玩法演示

🔒 道具准备

1 张白纸、1 支彩笔、1 个瓶盖。

🎯 游戏步骤

1. 在白纸的左边和右边，分别用红色和蓝色的彩笔画一条竖线，并在旁边分别标出行走路径的箭头，让宝宝分别用左手和右手同时移动瓶盖，沿路径从起点走向终点。

2. 如果宝宝掌握了第一种玩法，可以把竖线换成"M"状折线，同样在"M"的两端标出行走路径的箭头，让宝宝用双手同时移动瓶盖沿着箭头的轨迹走。

3. 在白纸上用颜色不同的笔分别在左边画一个圆圈，在右边画一个正方形，并在旁边分别标出行走路径的箭头，左手顺时针行走，右手逆时针行走。给宝宝两个颜色不同的瓶盖，让宝宝用双手同时移动瓶盖沿路径从起点走向终点。

❗ 注意事项

1. 一定要将路径的走向标注明确。

2. 将图案画得大一些，给瓶盖足够的行走空间。

3. 宝宝一开始可能无法两只手同时进行。家长一开始可以只画一条线，等宝宝熟练掌握用一只手前进后，家长再画两个对称的简单图形，让宝宝尝试着用两只手去做。等宝宝熟练掌握后，家长再逐渐提高游戏的难度。

扫一扫
看视频

手指大阅兵

● 提高手部控制能力　● 了解走路的动作

　　宝宝的小手越灵活，大脑就越聪明。家长平时可以经常带宝宝玩"手指大阅兵"游戏。这个游戏能够锻炼宝宝的精细动作能力、听觉反应能力。家长喊出的口号还能丰富宝宝的词汇量，帮助宝宝把指令和对应的动作联系起来。等宝宝熟练掌握这个游戏后，宝宝就可以跟着口号，自己完成"手指大阅兵"了。

🎣 拓展玩法

调整"一二一"的速度，让宝宝根据节奏来做手部的动作。

🔒 道具准备

不需要准备任何道具。

♣ 游戏步骤

1. 和宝宝面对面坐在地板上。让宝宝伸出双手，告诉他要玩"手指大阅兵"的游戏。

2. 家长说口令，带宝宝做动作。"准备"：双手握拳；"士兵出列"：双手伸开；"集合、起立"：双手合住，手掌相对；"坐下"：手掌相对，双手交叉，手指弯曲；"齐步走，一二一"：双手交叉，左手手指伸直，右手手指弯曲，再右手伸直，左手弯曲；"解散"：双手松开。

扫一扫
看视频

大米画

● 提高手部精细动作能力　● 提高对艺术的探索能力

艺术创作类游戏会让宝宝在探索物品形态的过程中，建立对线条、形状和颜色的初步认知。"大米画"这个游戏能够让宝宝加深对"黑"和"白"的认识，提高宝宝的精细动作能力。

🔒 道具准备

若干粒大米、若干粒黑米、1 支笔、1 张白纸。

♣ 游戏步骤

1. 在白纸上画出太极八卦的轮廓。
2. 在八卦轮廓里涂上胶水。
3. 引导宝宝拿起米粒粘在图案上，一半是白色的，另一半是黑色的。
4. 当宝宝完成大米画时，要大声表扬宝宝。

🐾 拓展玩法

还可以在纸上画一个熊猫轮廓，涂上胶水，让宝宝根据自己的喜好把米粒粘到熊猫身上，激发宝宝的想象力和创造力。

Bangbangbang

✔ 提高发音能力和语言能力

即使你从没带宝宝做过模仿声音类的游戏，你也会在不经意间发现宝宝说出了和你一样的话。爱模仿是宝宝的天性，日常你要努力做一个"话痨"家长，给宝宝更多的机会去模仿你的发音，这有助于让宝宝在快乐的氛围中提高说话的能力。

🔒 道具准备

不需要准备任何道具。

♣ 游戏步骤

1. 家长发出双音节拟声词，如"Bangbang"。
2. 让宝宝模仿家长发出这个声音。
3. 反复练习，让宝宝能顺利发出 2 个及以上音节的声音。
4. 当宝宝成功说出"Bangbang"时，要大声表扬宝宝，并给他拥抱。

🎲 拓展玩法

家长还可以发出高音和低音，并配合站起和蹲下的动作，让宝宝区分高低音。

我找得到

◎ 提高语言能力　　◎ 提高对物品的认知能力

　　宝宝在听绘本故事时，对于"关键词"的掌握程度，决定了他对故事的理解程度。在那之前，可以通过游戏来锻炼宝宝提取信息的能力。仔细听故事，可以锻炼宝宝的听觉专注力。迅速找出对应的卡片，可以锻炼宝宝的听觉反应能力，以及联系语言和物品的能力。刚开始玩这个游戏的时候，家长在说到关键词时可以稍微放慢语速。等宝宝熟悉游戏了，就可以一点点地加快语速，增加游戏的难度了。

🔒 道具准备

1 套物品卡片。

♣ 游戏步骤

1. 把物品卡片摆在桌子或地板上。
2. 家长随意讲故事，讲到哪个物品，就让宝宝立即选出对应的物品卡片，例如讲道："宝宝早晨喝了牛奶，"就让宝宝选出牛奶卡片。

🎲 拓展玩法

等宝宝再大一些，家长可以先把故事都讲完，再让宝宝根据记忆选出故事涉及的物品的卡片。

纸杯学数学

● 提高数感和数量对应能力

宝宝的数学启蒙绝不是从数数开始的，而是从对数字的观察和理解开始的。即使有些宝宝可以从 0 数到 10，但这并不能证明宝宝的数学能力强，他可能根本没有理解数字背后的意义。对他来说，这一串数字和一段童谣没有任何区别。家长不应该盲目地让宝宝背数字，而是应该帮助宝宝理解数字的含义。

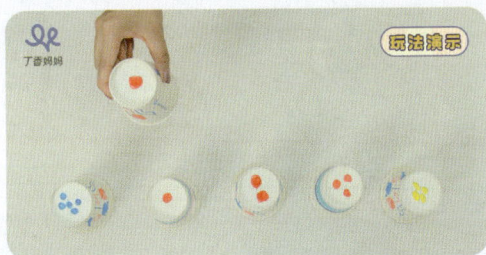

🔒 道具准备

10 个一次性纸杯、1 支笔。

✿ 游戏步骤

1. 先在 5 个纸杯底部分别画上 1～5 个圆点，每个纸杯底部的圆点数量不同，依次在桌子上摆开。

2. 在另外 5 个纸杯底部分别画上对应着第一组纸杯底部圆点数量的圆点。打乱这 5 个纸杯的顺序，叠放在一起，交给宝宝。

3. 引导宝宝把手中的纸杯，分别套在桌子上相同圆点数量的杯子上。

🎲 拓展玩法

等宝宝熟练掌握这个游戏后，可以把其中一组纸杯底部的圆点换成数字，让宝宝把数字和圆点的数量对应起来。

声音是一样的

● 增强对声音的敏感度

　　沙锤是一种很常见的乐器，摇晃沙锤时，会发出非常有特色的沙沙声。但如果把里面的沙子换成豆子，将会发出完全不同的声音。这个游戏可以增强宝宝对声音的辨别能力。一次次反复地摇晃沙锤，还可以培养宝宝的节奏感。

🔒 道具准备

3 ~ 6 个玩具塑料蛋（也可以用不透明的塑料瓶或者药瓶代替）、1 把豆子、2 把沙子。

🧩 游戏步骤

1. 把豆子放在 1 个塑料蛋里，把沙子放在另外 2 个塑料蛋里。

2. 把 3 个塑料蛋拧紧，交给宝宝。

3. 让宝宝摇晃塑料蛋，根据声音的不同，找到装豆子的塑料蛋。

📣 如果宝宝喜欢这个游戏，你不妨让他再试试 195 页的游戏"声音有什么不一样"。

扫一扫
看视频

合力大吊车

◎ 提高团队协作能力

　　这个游戏需要宝宝和家长默契配合才能完成。通过这个游戏，宝宝会明白他只有和家长同步拉绳子，橡皮圈才能拉开；只有和家长同步移动，才能把橡皮圈套在纸杯上，这有利于培养宝宝的团队协作意识，为宝宝今后适应社会打下良好的基础。

🔒 道具准备

1 个橡皮圈、4 根 20 ~ 30cm 长的绳子、1 ~ 5 个一次性纸杯。

✱ 游戏步骤

1. 家长和宝宝面对面坐在地板上，把纸杯倒扣，放在两人中间。
2. 在橡皮圈左右两端各系 2 根绳子，家长和宝宝各握住 2 根。
3. 和宝宝练习如何反方向用力拉绳子，把橡皮圈拉开。
4. 和宝宝一起把橡皮圈移动到纸杯上方。用力拉开橡皮圈，让橡皮圈套住纸杯。
5. 套住纸杯之后，和宝宝配合向上拉绳子，把纸杯吊起来。

🎡 拓展玩法

1. 可以多准备一些纸杯，和宝宝一起配合，把吊起的纸杯一个个叠放起来。
2. 还可以在纸杯上放绒球，要求吊起纸杯的时候绒球不能掉落。

扫一扫
看视频

我长大了

✔ 提高对事物发展顺序的认知能力

宝宝快 3 岁了，很多美好的回忆都留存在了照片上。拿出照片，带着宝宝一起了解一下他自己长大的旅程吧！虽然宝宝可能不记得这是自己小时候的样子了，但是他能分辨出这是一个更小的宝宝。

🔒 道具准备

多张宝宝成长的照片。

♣ 游戏步骤

1. 和宝宝一起坐在地垫上或者床上。
2. 拿出照片，和宝宝一起翻看他从小到大的照片。
3. 翻阅时，向宝宝介绍照片拍摄的时间、地点等信息。
4. 挑出几张照片，让宝宝按照他自己的成长时间对照片进行排序。
5. 当宝宝排出正确顺序时，要大声表扬宝宝。

🎲 拓展玩法

和宝宝一起翻看爸爸妈妈的照片，让宝宝了解爸爸妈妈小时候的样子。

表情猜猜看

☑ 提高对不同情绪的认知能力　☑ 提高社会行为能力

　　这个阶段的宝宝已经对情绪有所认知了，宝宝也有自己的喜怒哀乐，带宝宝认识不同表情和不同情绪之间的关系，有助于宝宝正确认识情绪、表达情绪，日后能更好地进行社交活动。

拓展玩法

让宝宝模仿情绪卡上的表情，家长还可以借此机会给宝宝拍照片。

⬩ 如果宝宝喜欢这个游戏，你不妨让他再试试270页的游戏"情绪小游戏"。

🔒 道具准备

1套情绪卡片。

♣ 游戏步骤

1. 和宝宝面对面坐在地垫上。
2. 向宝宝依次展示情绪卡片，展示的同时向宝宝简单地介绍一下这些情绪。
3. 家长做一个表情，让宝宝猜一下表达的是什么情绪。
4. 当宝宝猜对时，要对宝宝说："宝宝真聪明！"

扫一扫
看视频

31 ~ 33

月龄及以上

玩偶搬家

● 提高身体控制能力

在这个游戏中，宝宝必须和家长配合才能让玩偶不掉落，这能够锻炼宝宝身体的协调性，提高他与人合作的意识。

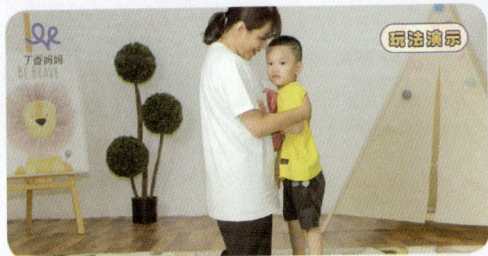

🔒 道具准备

3 ~ 5 个小玩偶。

♣ 游戏步骤

1. 家长和宝宝跪在垫子上或者床上，紧紧抱在一起，身体中间放 1 个小玩偶。如果宝宝太矮了，可以让宝宝站起来做游戏。
2. 和宝宝一起移动身体，把玩偶从床或垫子的一端，运送到另外一端。
3. 反复训练，直到宝宝能够往返 3 次以上。

❗ 注意事项

1. 如果宝宝太矮了，可以让宝宝站起来做这个游戏。
2. 家长移动的速度要配合宝宝的速度，让宝宝不要着急。

🎲 拓展玩法

家长的头和宝宝的头顶在一起，两个人用脑袋夹住玩偶，把玩偶从一端运送到另一端。

335

人力车

✅ 增强四肢力量

在这个游戏中，宝宝要在家长的辅助下，把自己支撑起来，同时向前爬行，这有助于增强宝宝上肢和腰腹部的肌肉力量。宝宝的手臂像车轮一样，不停转动，他可以控制整辆车的行驶方向，这会让他非常有成就感。

🔒 道具准备

1 张垫子（或在地板上进行）。

♣ 游戏步骤

1. 让宝宝俯卧在垫子或地板上，手掌着地，支撑起身体。
2. 家长用手握住宝宝的双脚，抬起宝宝的下半身说："人力车要开始行走了！"
3. 让宝宝用两只手交替向前爬行。
4. 反复训练，让宝宝能够爬行 15 秒以上。
5. 宝宝成功完成爬行之后，要大声表扬宝宝。

扫一扫
看视频

❗ 注意事项

1. 家长的动作要轻柔，要配合宝宝的爬行速度，向前用力。
2. 如果宝宝不愿意向前爬行的话，可以用玩具吸引宝宝，但是一定不要勉强宝宝做这个游戏。

🎴 拓展玩法

1. 在垫子或地板上放一些靠枕或枕头，作为障碍物。
2. 让宝宝爬行的时候，能够翻过障碍物。

➤ 如果宝宝喜欢这个游戏，你不妨让他再试试 305 页的游戏"我是小树懒"。

脑袋运球

● 提高身体控制能力　● 提高精准投掷能力

　　用手运球已经难不倒这个阶段的宝宝了，是时候增加游戏的难度了！这个游戏需要宝宝保持头部竖直，保持身体的平衡，把乒乓球运到目的地，这能够锻炼宝宝的大运动能力。把球倒出的过程还能让宝宝直观地感受乒乓球的弹性，提高宝宝对物品的认知能力。

玩法演示

🔒 道具准备

1 个一次性纸杯、1 根绳子、1 个乒乓球、1 个脸盆。

🧩 游戏步骤

1. 在一次性纸杯底部打两个小孔，把绳子穿过小孔。

2. 用绳子绕宝宝脑袋一圈，在下巴处打个结，把纸杯固定在宝宝的头顶上。

3. 在纸杯里放乒乓球，让宝宝用头部把乒乓球平稳运到 5 米开外的脸盆里。

4. 反复训练，让宝宝能在 30 秒内，把乒乓球准确倒入脸盆里。

🪀 拓展玩法

把一次性纸杯系在宝宝的脚腕上，让宝宝一边行走，一边运送乒乓球，当心不要让乒乓球掉出来，最终也把乒乓球倒在脸盆里。

✈ 如果宝宝喜欢这个游戏，你不妨让他再试试 291 页的游戏"纸杯运球"。

扫一扫
看视频

大自然中的艺术

● 提高手部精细动作能力　　● 增强对色彩的敏感度

　　创造画作的原材料不应该局限于家中的物品，还可以带宝宝到大自然中寻找。大自然是顶级的配色大师，它的每一幅作品，无论出现了多少种颜色的组合，都是那么的和谐。将画作与大自然结合起来，不仅可以提高宝宝的想象力和动手能力，还可以让宝宝亲近自然，认识世界。

🔒 道具准备

1 张白纸、1 个双面胶、若干个小瓶盖、若干个螺丝钉等小物品。

🎯 游戏步骤

1. 让宝宝到户外收集一些叶子、石头，再准备一些瓶盖、螺丝钉。
2. 把收集到的东西清洗干净。
3. 在一张白纸上贴双面胶。
4. 引导宝宝把洗净的物品贴在白纸上，根据自己的想法贴出喜欢的图案。

🧩 拓展玩法

等宝宝完成作品后，让宝宝来说一说他创作的是什么，例如问他："这幅作品看起来像什么呢？"

338

剪指甲

● 提高精细动作能力　● 不怕剪指甲

如果你的宝宝害怕剪指甲，不妨试试这个游戏吧！这个游戏需要宝宝来当"大人"，给纸上的小手剪指甲。在游戏的过程中，家长可以告诉宝宝留长指甲是非常不卫生的，帮助宝宝培养良好的卫生意识和生活习惯。这个游戏不仅能锻炼宝宝的精细动作能力，还能让宝宝了解剪指甲并不是一件可怕的事，可以缓解宝宝剪指甲时的心理压力。

🔒 道具准备

1 支笔、1 把安全剪刀、1 把指甲刀、1 张白纸。

🧩 游戏步骤

1. 用彩笔沿着手的轮廓在白纸上画出手的图案。
2. 用剪刀剪下手的图案。
3. 用黑色彩笔在每个指尖画出一些黑指甲。
4. 引导宝宝用剪刀把黑指甲剪掉。使用剪刀时要注意安全。

✈ 如果宝宝喜欢这个游戏，你不妨让他再试试 358 页的游戏"剪头发"。

扫一扫
看视频

339

手指转转

✅ 增强手指灵活性

宝宝从小就对自己的小手有浓厚的兴趣，他会吃手指、玩手指等。摆弄手指对正在发展精细动作能力的宝宝来说也是一件非常有趣的事情。家长可以陪宝宝玩各种各样的手指游戏，让宝宝的手指变得更灵活！

🔒 道具准备

不需要准备任何道具。

🧩 游戏步骤

1. 和宝宝面对面坐在地板上。
2. 给宝宝做示范，教宝宝伸出双手，十指相对，再单独松开大拇指。
3. 引导宝宝保持其他手指相对，把两个大拇指一前一后转起来，再反方向转动。
4. 让宝宝自己尝试让其他手指依次转起来。

🎲 拓展玩法

还可以让宝宝和家长各伸出一只手，食指相对，配合转手指。

吸管赛道

✓ 锻炼口唇肌和舌肌　✓ 提高说话能力

让宝宝清晰且正确地发音，并不是一件容易的事，这需要他的口腔肌肉发育良好。锻炼口腔肌肉的一个既简单又有效的动作就是吹气。家长可以通过游戏的方式带宝宝反复练习吹气的动作。

玩法演示

🔒 道具准备

6 根长短不一的吸管、1 把剪刀、1 个乒乓球、1 个大硬纸板（能放下 6 根吸管）。

🧩 游戏步骤

1. 在硬纸板的边缘处水平贴上 1 根长吸管，在其下方一定距离（超过乒乓球直径）的位置贴 1 根短吸管。

2. 接着贴好的 2 根吸管再竖直贴 2 根吸管，接着竖直吸管，再贴两根水平吸管，做出"之"字形赛道。

3. 把乒乓球放在起点，引导宝宝轻轻吹吹气，把乒乓球吹到终点。刚开始宝宝可能会用力太猛，把乒乓球吹出赛道，没关系，通过反复训练，让宝宝掌握均匀吹气的技巧。

🦑 拓展玩法

还可以在赛道上放一些小障碍物，例如花生，让宝宝更好地控制乒乓球。

◢ 如果宝宝喜欢这个游戏，你不妨让他再试试 277 页的游戏"小球进杯"。

扫一扫
看视频

341

传密码

☑ 提高认真倾听能力　☑ 提高完整转述能力

　　对宝宝来说，认真聆听别人的话，再完整地表达出来，是一件有挑战性的事情。在这个游戏中，听别人说密码再精准传达，能够锻炼宝宝的专注力、记忆力以及表达能力。

玩法演示

🔒 **道具准备**

不需要准备任何道具。

🧩 **游戏步骤**

1. 参与游戏的成员排好顺序，宝宝在中间。
2. 第一个人想 1 条 5 个字以上的密码，小声传给第二个人。
3. 依次传下去，最后一个人大声说出密码，看是否和第一个人的密码一致。
4. 可以逐渐增加密码的长度。

🎲 **拓展玩法**

游戏成员不说话，仅用肢体语言传递密码，最后一个人大声说出密码，看是否和第一个人的密码一致。

颜色恰恰

✅ 提高反应能力　✅ 提高对颜色的认知能力　✅ 提高语言理解能力

　　听懂家长的口令，迅速找出对应的颜色，能够锻炼宝宝的听觉反应能力、颜色分辨能力及思维能力。当宝宝踩准对应的颜色时，家长要在一旁大声重复颜色的名称，以扩大宝宝的词汇量。

玩法演示

🔒 道具准备

若干张白纸、若干支彩笔。

✪ 游戏步骤

1. 在每张白纸上分别画上颜色，并打乱顺序呈圆圈状排列在宝宝周围的地板上。

2. 让宝宝站在圆圈内，当家长发出颜色口令时，宝宝用小脚去踩对应的颜色。

3. 等宝宝大一些还可以增加游戏难度，让宝宝站在圆圈内，家长发出用左脚或右脚踩颜色的口令，宝宝则用左脚或右脚去踩对应的颜色，如"左脚踩黑""右脚踩绿""双脚踩红"等。

⚠ 注意事项

1. 白纸大小要适中，画的色彩要颜色分明。

2. 如果宝宝起初对颜色不敏感，可以将颜色数量减少。

✈ 如果宝宝喜欢这个游戏，你不妨让他再试试 295 页的游戏"找颜色"。

扫一扫
看视频

认识箭头

☑ 加深对箭头和方向的理解

认识方向是宝宝空间认知中的重要内容。宝宝的认知基本上都是以自我为中心的，方位是一种空间感觉，如果没有具体物品做参照物，宝宝理解相关的概念就会比较困难。实物在这个时候就显得很重要了！家长还可以在游戏中反复强调方位名词，这能扩大宝宝的词汇量。

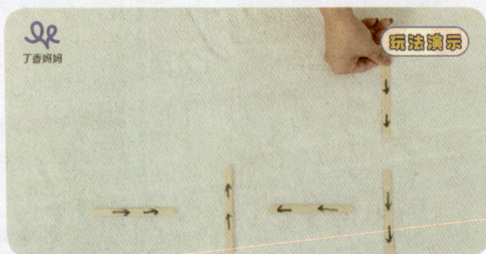

玩法演示

🔒 道具准备

2 ~ 4 根雪糕棍、1 支彩笔、1 张白纸。

🧩 游戏步骤

1. 用彩笔在雪糕棍上画出 4 个方向一致的箭头，把雪糕棍放在地板上。等宝宝熟练掌握后，可以画出不同方向的箭头。

2. 在白纸上裁出长和宽均为 2 厘米的纸片，在纸片上也画一个颜色相同的箭头。

3. 让宝宝调整雪糕棍的方向，让雪糕棍的箭头方向和纸片上的箭头方向一致，这样就算配对成功了。

🎲 拓展玩法

还可以在纸片上画上不同颜色的箭头，比如蓝色箭头。规定如果纸片上的箭头颜色和雪糕棍上的箭头颜色不一致，二者箭头方向必须相反才算配对成功。

➤ 如果宝宝喜欢这个游戏，你不妨让他再试试 346 页的游戏"数字对应游戏"。

扫一扫
看视频

盖高楼

◎ 提高视觉追踪和数字认知能力　◎ 促进视听协调　◎ 提高适应能力

　　数序是宝宝在数学启蒙阶段需要尝试理解的重要内容之一。数序指的是数字的顺序，家长可以借助具体形象的物品，来帮助宝宝理解这个概念。

🔒 道具准备

若干个纸杯、1 支笔。

✿ 游戏步骤

1. 家长和宝宝面对面坐在地垫上。
2. 家长准备好若干个纸杯，然后按照一定的顺序用笔点杯子。
3. 宝宝根据家长点杯子的顺序将纸杯按顺序叠起来。
4. 等宝宝再大一些，家长还可以用笔在纸杯上标识上数字。家长发出数字的口令指示（例如家长说："把 3 号杯子套在 2 号杯子上"），宝宝按照指示将纸杯叠起来。
5. 当宝宝成功搭起"高楼"时，要大声表扬宝宝。

❗ 注意事项

1. 家长发出的指令一定要清晰且具体，例如："4 号杯子要放到 5 号杯子的下面。"
2. 在宝宝出现搭建困难的情况，家长可以尝试一开始的时候将数字纸杯按照顺序摆放，并且减少纸杯的数量。等宝宝逐渐熟悉以后，家长可以增加数量，并且打乱数字的顺序。

✒ 如果宝宝喜欢这个游戏，你不妨让他再试试 359 页的游戏"两条腿？四条腿？"。

数字对应游戏

☑ 增强数字敏感度　　☑ 提高对数字的认知能力

如果宝宝喜欢玩拼图游戏，或者形状配对游戏的话，那他一定会很喜欢这个数字配对游戏，这对宝宝也是一个很好的数学启蒙。这个游戏可以帮助宝宝认识更多的"数字朋友"，强化他对数字的理解。宝宝观察数字，进行思考的过程，也可以锻炼他解决问题的能力。

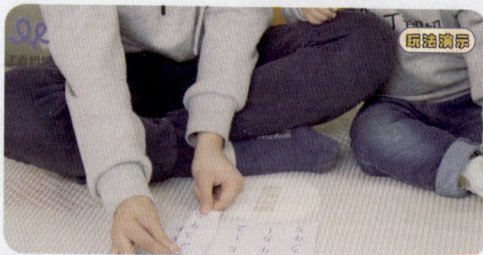

🔒 道具准备

1 支笔、2 张白纸、1 把剪刀。

🧩 游戏步骤

1. 在 2 张白纸上分别写下一个数字方阵。竖排 1 ~ 9，横排 1 ~ 9，中间缺少的数字按照顺序填充，填充完 9，再从 1 开始填充。
2. 把其中 1 张白纸裁成竖条，每个竖条上有 9 个数字，交给宝宝。
3. 把另一张白纸放在宝宝面前，让宝宝在白纸上找到和竖条数字完全一样的部分。
4. 如果 1 ~ 9 的方阵对宝宝来说比较困难，可以先从 1 ~ 5 的方阵开始练习，慢慢增加难度。

🎲 拓展玩法

1. 把数字方阵按照横排数字裁成横条，注意只裁出部分数字即可，不要整条数字都裁下。
2. 让宝宝把裁下的横条放在另一张数字方阵的数字对应的位置。
3. 答案不唯一，让宝宝找一找能放下横条的地方有几个。

➤ 如果宝宝喜欢这个游戏，你不妨让他再试试 344 页的游戏"认识箭头"。

扫一扫
看视频

按时拉臭臭

✅ 建立按时如厕的好习惯　✅ 提高社会行为能力

这个游戏可以帮助宝宝慢慢养成按时排便的好习惯。家长可以和宝宝玩丢手绢的游戏，让宝宝蹲一会儿，这有利于宝宝产生便意。按时排便标志着宝宝拥有了更高一级的社会行为能力。

🔒 **道具准备**

不需要准备任何道具。

🧩 **游戏步骤**

1. 每天在固定的时间段，和宝宝一起玩"丢手绢"的游戏。
2. 引导宝宝合拢双腿，双手环抱住膝盖，蹲在地垫上。
3. 鼓励宝宝，让他保持这个姿势 3 ~ 5 分钟。
4. 当宝宝成功坚持了 3 ~ 5 分钟时，要大声表扬宝宝。
5. 还可以引导宝宝在蹲着的状态下向前走，好像在学小鸭子走路。

🧩 **拓展玩法**

1. 宝宝如果便秘，可以和宝宝面对面坐在地板上。
2. 引导宝宝双腿向上弯曲，双手环抱住膝盖，模仿不倒翁前后左右摇晃。
3. 再让宝宝去厕所，可以缓解宝宝的便秘。

小拳头高塔

● 增强规则意识，学会等待

　　培养规则意识，对于宝宝来说是极其重要的。宝宝进入幼儿园之后，就需要学习幼儿园里的各种规则，和小朋友相处时，也要学会做游戏的规则。家长可以通过游戏的方式，给这个阶段的宝宝建立一定的规则意识，让宝宝学会耐心等待，学会与人合作。

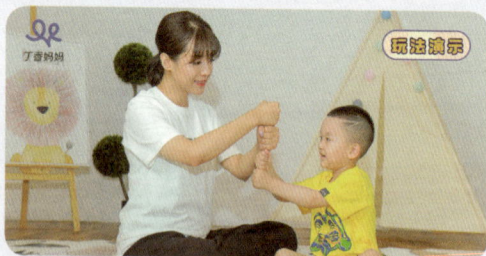

🔒 道具准备

1 张桌子。

🧩 游戏步骤

1. 妈妈把一只拳头放在桌子上，爸爸给宝宝示范把他的一只拳头摞在妈妈的拳头上面。
2. 妈妈把另一只拳头摞上，爸爸也把另一只拳头摞在妈妈的拳头上。
3. 请宝宝把他的拳头摞在最上面。
4. 在游戏过程中，宝宝可能会抢着叠高塔，可以适当提醒宝宝要耐心等待。

🎲 拓展玩法

可以在盖出高塔后，一起倒数"3、2、1"，大家一起把拳头收回，让高塔散架。

他怎么了

● 增强对不同情绪的正确认知

当宝宝开始关注自己和他人的情绪变化时，就意味着宝宝的社交能力有了质的飞跃。在有趣的故事背景下，宝宝可以更好地了解各种情绪的含义，理解不同情绪出现的原因，并学会如何处理不同的情绪。需要注意的是，千万不要说难过和生气是不好的情绪。要让宝宝学会接纳各种情绪。此外，带宝宝理解他人的情绪，也是培养"共情能力"的好办法。

🔒 道具准备

3 ~ 4 张情绪卡片、1 个玩偶。

🧩 游戏步骤

1. 给宝宝展示 4 张情绪卡片。

2. 家长通过一个小故事把 4 种情绪卡片串联起来，例如可以说："小白兔今天外出不小心摔了一跤，把门牙都摔掉了，那么小白兔这时候是哪种情绪呢？""小白兔哭了一会儿，觉得好多了，小河马又给小白兔送来了糖果，小白兔吃了以后是什么情绪呢？"

🐾 拓展玩法

1. 还可以准备玩偶，把情绪卡片放在玩偶头上，告诉宝宝玩偶现在的情绪。

2. 让宝宝猜猜玩偶为什么会出现卡片上的这种情绪，锻炼宝宝讲故事的能力。

🚩 如果宝宝喜欢这个游戏，你不妨让他再试试 270 页 的 游 戏 "情绪小游戏"。

34 ~ 36
月龄及以上

叠饼干

✓ 提高身体平衡能力

随着宝宝的双手和手臂协调能力增强，他经常会把一个物品放在另一个物品的上面。这个叠饼干的游戏能锻炼宝宝的平衡能力和精细动作能力，还能培养宝宝的空间意识，让他对物品的形状有更深入的认识。

🔒 道具准备

几块饼干。

🧩 游戏步骤

1. 家长和宝宝一起坐在地垫上。
2. 家长引导宝宝把脑袋尽可能向后仰。
3. 把 1 块饼干放在宝宝的额头上，如果宝宝能控制饼干不掉，就再叠放 1 块饼干。
4. 反复训练，让宝宝能保持饼干不掉 10 秒以上。
5. 游戏结束后，把饼干作为完成游戏的奖励给宝宝吃。

❗ 注意事项

在放饼干的时候，家长应该用语言去鼓励宝宝，让宝宝的头部不要晃动。

🎋 拓展玩法

1. 用小块的水果或蔬菜代替饼干进行游戏。
2. 把饼干放在宝宝的额头上，让宝宝头部向后仰，在保持饼干不掉落的状态下，把饼干运送到指定的碗里。

双腿发射器

✅ 增强下肢力量

　　在学习跑跳的阶段，家长应该不断带宝宝强化下肢的力量。双腿发射器这类的踢腿游戏可以让宝宝腿部和腹部的肌肉更加强壮有力，这对跑跳非常重要。

🔒 道具准备

1 个小球或者沙包。

🎯 游戏步骤

1. 让宝宝仰卧在地板上，两腿之间夹住 1 个沙包或小球。
2. 引导宝宝向上用力甩腿，利用双腿的力量把沙包或小球甩到身体后方。
3. 反复训练，最终能把沙包甩到身体 1 米开外的地方。

🎲 拓展玩法

在宝宝身体后方，放置大脸盆，让宝宝精准地把小球或沙包甩到脸盆里。

✈ 如果宝宝喜欢这个游戏，你不妨让他再试试 156 页 的 游 戏 "足球运动员"。

纸板过河

✓ 提高身体控制能力　✓ 增强身体协调性

　　宝宝的快乐就是那么的简单，只要 3 块纸板，就能让他开心好长一段时间。发挥家长的想象力，带宝宝用 3 块纸板玩过河小游戏吧！这个游戏需要宝宝在协调身体的同时，思考过河的方法及策略。并且在游戏过程中，宝宝展示出来的身体协调能力，也能证明大脑对于身体的调配是十分有序的。

🔒 道具准备

3 块宝宝能双脚踩上的纸板。

✿ 游戏步骤

1. 把 3 块纸板铺在地板上，接在一起。
2. 让宝宝从起点开始，踩着纸板向前走。注意每次每只脚只能踩 1 块纸板。
3. 当踩到第 3 块纸板时，引导宝宝转过身，拿起身后第一块纸板铺在前面，继续前进。

🎲 拓展玩法

可以在沿途放几个靠垫，设置障碍，让宝宝避开障碍物，不断前进。

➤ 如果宝宝喜欢这个游戏，你不妨让他再试试 303 页的游戏"小马送书"。

躲避炸弹

● 提高身体控制能力

　　跨越障碍对宝宝来说是另一种挑战。在这个游戏中，宝宝需要用自己的跳跃能力，跨越障碍物，这能够锻炼宝宝腿部肌肉的爆发力，提高宝宝的脚眼协调能力。另外，宝宝很喜欢跟随着节奏做动作，过程中可以播放欢快的乐曲，让游戏变得更加有趣。

玩法演示

🎁 道具准备

3 ~ 6 根彩笔或者铅笔。

🧩 游戏步骤

1. 让宝宝站在地板上。
2. 家长在离宝宝 1.5 ~ 2 米的位置向宝宝的方向推出彩笔。
3. 当彩笔滚到宝宝脚下的时候，引导宝宝跳过彩笔。
4. 反复训练，让宝宝能够连续跳过 3 根彩笔。
5. 当宝宝成功跳过彩笔时，要大声表扬宝宝。

❗ 注意事项

1. 一开始做这个游戏时，家长可以轻轻地推动彩笔，随着宝宝越来越熟练，可以适当增加一点力气。
2. 在推动彩笔之前，可以提醒宝宝："炸弹要过去啦！"让他做好心理准备。

🎲 拓展玩法

把彩笔换成更重、更大的东西让宝宝跳跃，例如擀面杖、矿泉水瓶。

蔬菜画

✓ 增强对色彩的认知　✓ 提高手部精细动作能力

　　这个阶段的宝宝已经能够意识到自己可以创造东西了，涂涂画画就是他的作品。让宝宝随心所欲地画画可以提高宝宝的精细动作能力，发挥宝宝的想象力和创造力，增强宝宝的观察力和自信心。宝宝会通过画画表达出自己的想法，让这位"小画家"大胆地进行创作吧！

丁香妈妈　玩法演示

🔒 道具准备

1 朵西蓝花或者其他常见的蔬菜。

🧩 游戏步骤

1. 家长和宝宝一起坐在地垫上。
2. 用儿童颜料或水彩笔在西蓝花表面涂一些颜色。
3. 引导宝宝拿着西蓝花的底部，把上面的颜料印在白纸上，印出小花。
4. 让宝宝尝试用其他蔬菜作画。
5. 当宝宝完成蔬菜画时，要大声表扬宝宝，对他说："宝宝画得真好看！"

❗ 注意事项

1. 家长不要因为游戏过程中的脏乱场景而产生焦躁情绪，或者不让宝宝继续玩下去。
2. 可以给自己和宝宝换上不准备要的旧衣服，还可以提前在地垫上铺上报纸或塑料薄膜，以免弄脏地垫和衣服。

🐾 拓展玩法

尝试用水果来作画，记得要选颜色鲜艳、较坚硬的水果。

扫一扫
看视频

剪头发

◉ 提高宝宝使用工具的能力　◉ 提高手部精细动作能力　◉ 理解边缘和规则

剪刀虽然危险，但是让宝宝学会使用剪刀是有很多益处的。正确使用剪刀剪东西，可以锻炼宝宝手指的灵活度，提高手眼协调的能力，以及对力度的控制能力等。通过这个游戏，宝宝还会了解到剪头发是怎么一回事儿，提高宝宝对事物的认知能力。

🔧 道具准备

1 个一次性纸盘、1 把安全剪刀、1 张黑色彩纸。也可以在白纸上画出娃娃的小脸并剪下，用来代替一次性纸盘。

✿ 游戏步骤

1. 在白色纸盘上画出娃娃的小脸。
2. 用黑色彩纸剪出参差不齐的刘海形状，贴在纸盘娃娃的额头上。
3. 引导宝宝用安全剪刀给纸盘娃娃剪头发。

🎲 拓展玩法

在刘海上水平画一条线，让宝宝不超过这条线剪齐头发。

✈ 如果宝宝喜欢这个游戏，你不妨让他再试试339 页的游戏"剪指甲"。

358

两条腿？四条腿？

✓ 提高语言联想能力　✓ 提高反应能力

　　纯语言类的游戏很容易让宝宝感到枯燥，因此家长在给宝宝进行语言输入时，不要只是单纯地讲解，可以在游戏中加入更多的动作和姿势，让游戏变得更加丰富有趣，这样的游戏也能加深宝宝对词语的理解和记忆。

玩法演示

🔒 道具准备

1 套动物卡片。

♣ 游戏步骤

1. 让宝宝躺在床上或地垫上，家长坐在宝宝旁边。

2. 给宝宝依次展示动物卡片，介绍动物名称，并说明有几条腿，让宝宝记住。

3. 随机抽出 1 张卡片，告诉宝宝这只动物的名字，让宝宝来表演这只动物有几条腿。例如，家长说"长颈鹿"，宝宝就要举起 2 条胳膊和 2 条腿。家长说"鸡"，宝宝就要举起 2 条腿。

4. 如果宝宝回答正确，要大声表扬宝宝。

🐚 拓展玩法

介绍动物的时候，还可以加上动物有无翅膀、有无羽毛等特征，让宝宝更好地记忆。

📨 如果宝宝喜欢这个游戏，你不妨让他再试试 345 页的游戏"盖高楼"。

扫一扫
看视频

玩偶中毒了

34 ~ 36 月龄及以上　语言能力

✓ 增强语言联系物品的能力

　　在宝宝上学的年纪，不难遇到这样的场景——在他第一次尝试某件事时，经常会说："这个我不会呀！"甚至有些宝宝还会因无助而哭泣。这都是因为宝宝缺乏解决问题的能力。其实宝宝在很小的时候，就具备自主解决问题的能力了，家长要注意给宝宝提供自主解决问题的机会。

玩法演示

🔒 **道具准备**

1 个玩偶。

🧩 **游戏步骤**

1. 家长抱着玩偶躺在沙发上，假装玩偶中毒，向宝宝求救，例如"玩偶中毒了，它需要解药，宝宝能帮它找到解药吗？"
2. 通过描述解药的外形特征，引导宝宝推理观察，找出对应的物品。
3. 当宝宝成功找出"解药"时，要给宝宝拥抱，并大声表扬宝宝。

❗ **注意事项**

1. 家长对物品外形特征的描述越具体越好。
2. 家长的语气可以适当夸张，让宝宝对你说的事情更感兴趣。

🧩 **拓展玩法**

还可以一起描述两样东西，宝宝都找到才能解救玩偶，以此锻炼宝宝的记忆力。

➤ 如果宝宝喜欢这个游戏，你不妨让他再试试 233 页的游戏"我来照顾小娃娃"。

扫一扫看视频

我来猜一猜

● 提高对动物或物品特征的理解力

这个阶段家长可以陪宝宝玩更多的语言类游戏，加强对宝宝理解能力和表达能力的训练。提问和回答的方式也可以让宝宝了解每件物品的特点，提高宝宝的认知能力，扩大的宝宝的词汇量，让宝宝未来能够更好地与人交流。

🔒 道具准备

1 套物品卡片。

♣ 游戏步骤

1. 家长和宝宝面对面坐在地垫上。
2. 将物品卡片背面朝上，放在地板上。
3. 让宝宝从这些卡片中抽出 1 张卡片，只有他自己能看到。
4. 通过向宝宝提问题，宝宝回答"是"或者"不是"，来猜物品。例如你可以这样问宝宝："是圆形的吗？""是可以吃的吗？"
5. 当家长正确猜出物品时，可以和宝宝一起击掌庆祝一下。

🦢 拓展玩法

等宝宝再大些，还可以让宝宝提问，家长回答"是"或"不是"。

✈ 如果宝宝喜欢这个游戏，你不妨让他再试试 193 页的游戏"在这里吗？"。

扫一扫
看视频

两个人的纸牌游戏

34 ~ 36 月龄及以上 适应能力

- 提高解决问题的能力 ● 提高分类能力

　　在这个游戏中，宝宝需要很仔细地观察，把握物品各自的特点，才能迅速做出反应，完成配对。这不仅可以提高宝宝的观察力、对图形的分辨能力，还可以加强他对物品的认知。

玩法演示

🔒 道具准备

9 对物品卡片。

🧩 游戏步骤

1. 准备 2 份相同的物品卡片，每份 9 张。
2. 交给宝宝 1 份，家长拿 1 份。
3. 家长随意抽出 1 张，让宝宝在他的卡片里找出对应的那张。
4. 反复练习，让宝宝做到迅速准确地配对所有卡片。

🎲 拓展玩法

1. 把卡片打乱顺序混在一起。
2. 每人发几张卡片，有不一样的物品，也可以有一样的物品。
3. 让宝宝从家长手中抽卡片，如果抽到的卡片宝宝手里有另一张，则抵消放在一旁，如果抽到的卡片另一张不在宝宝手里，则宝宝要把抽到的卡片放进自己的牌堆。
4. 轮流抽卡片，谁先打完手中的卡片，谁取得胜利。

　　如果宝宝喜欢这个游戏，你不妨让他再试试 363 页的游戏"找朋友"。

扫一扫
看视频

找朋友

✅ 提高观察能力　　✅ 锻炼口腔肌肉　　✅ 提升对数字的认知

　　这个游戏将吸气练习与数字对应练习很好地结合在一起，锻炼宝宝口腔肌肉的同时，也可以提升宝宝对数字的理解和认识。当宝宝配对成功时，家长要及时为他的胜利而鼓掌。

玩法演示

🔒 道具准备

1 副扑克牌、1 个吸管、1 张白纸和 1 把剪刀。

🧩 游戏步骤

1. 将白纸剪成 10 张同样大小的纸片。
2. 分别在每个纸片上写上数字 1 ~ 10。
3. 家长将扑克牌按照 1 ~ 10 的顺序排列在桌子上。
4. 请宝宝用吸管吸起数字纸片，放在相应的扑克牌上。
5. 将扑克牌的顺序打乱，再玩一次游戏。

❗ 注意事项

1. 使用吸管时，注意看护好宝宝，避免发生危险。
2. 纸片裁剪得不要太大，避免宝宝吸不起来。
3. 准备的吸管不要太粗，不然宝宝难以吸起来。
4. 如果宝宝不能把数字纸片和扑克牌上的数字相对应，家长起初可以将数量减少一些，等宝宝掌握后再逐渐增加。
5. 如果宝宝还是吸不动，那可以换更轻更薄的纸，便于宝宝吸起来。
6. 教会宝宝使用吸管，有利于让宝宝说话更清晰。

扑克对对碰

● 提高对形状和对称的认知能力

拼图游戏能够锻炼宝宝的专注力。看到部分图片时，宝宝需要进行记忆和分析，这也能锻炼宝宝的短期记忆能力、分辨形状的能力，以及空间认知能力。如果宝宝很快就完成了，可以适当提高难度，把扑克牌剪得更小一些。不要小看宝宝的聪明才智，完成更高难度的挑战，会让他对自己更有信心。

🔒 道具准备

1 副扑克牌、1 把剪刀。

✿ 游戏步骤

1. 家长把 3 张扑克牌从中间剪开，并把这些扑克牌碎片打乱顺序。

2. 引导宝宝把这些碎片重新拼成 3 张完整的扑克牌。

3. 当宝宝完整地拼出扑克牌以后，家长要大声表扬宝宝。

4. 当宝宝觉得拼 3 张扑克牌没有难度时，可以适当增加扑克牌的数量。

🔗 拓展玩法

1. 把扑克牌里面的图形剪出来，把扑克牌对角的数字留在外面的方框上。

2. 把图形和方框都交给宝宝，让宝宝对应图形数量和数字，把剪出的图形再放回相应的方框里。

➤ 如果宝宝喜欢这个游戏，你不妨让他再试 296 页的游戏"纸片的家"。

扫一扫
看视频

我爱幼儿园

☑ 锻炼数学思维　☑ 缓解入园焦虑

　　家长可以通过游戏的方式带宝宝提前体验幼儿园的生活，为即将要上幼儿园的宝宝做好心理准备。在这个游戏中，宝宝需要说出食物的个数，这能帮助宝宝了解加法的概念，对数字有更深入的理解和认识。

玩法演示

🔒 道具准备

2 ~ 3 个玩偶、3 ~ 5 块饼干、1 张桌子。

🧩 游戏步骤

1. 家长和宝宝一起坐在地垫上。
2. 家长把玩偶放在桌子上，排好顺序。
3. 家长告诉宝宝，宝宝是幼儿园的老师，这些玩偶是他的学生。
4. 引导宝宝给玩偶发食物，同时问宝宝他发了什么、发了几个等数学问题。
5. 当宝宝正确回答出你的问题时，要大声表扬宝宝，对他说："宝宝你真棒！"

🐾 拓展玩法

等宝宝入园后，让宝宝做玩偶的老师，安排玩偶做事情，这样做可以了解到宝宝在幼儿园里看到和经历的事情。

📩 如果宝宝喜欢这个游戏，你不妨让他再试试 360 页的游戏"玩偶中毒了"。

扫一扫
看视频

超市清单

✓ 提高认知能力　✓ 进行数学启蒙

　　超市是一个非常适合带宝宝做游戏的场所，不仅可以帮助他认识琳琅满目的商品，扩展他的词汇量，还能非常自然地做数学启蒙的游戏。家长可以向宝宝提问"几个？""多少钱？""哪个大？"等数学问题，来增强宝宝对数字的敏感度。

玩法演示

🔒 道具准备

1张白纸、1支笔。

♣ 游戏步骤

1. 和宝宝去超市之前，家长可以列出购物清单。
2. 在购物清单里分别列出爸爸、妈妈、宝宝需要买的物品，还可以简单地把物品画出来。
3. 到超市后，让宝宝按照购物清单拿取对应的物品。
4. 当宝宝成功找到对应物品时，家长要大声表扬宝宝。

❗ 注意事项

1. 在宝宝找东西的过程中，家长可以适度提醒，但是不要频繁提醒。
2. 如果宝宝拿错了物品，可以和宝宝一起分析找错的原因，并向宝宝说明两种物品的区别。

🎲 拓展玩法

等宝宝再大一些，还可以在物品旁标明具体要买的数量，让宝宝按照购物清单上的个数拿取对应数量的物品。

366